45

DAS ANDERE

O MEDO DO MEDO

45

DAS ANDERE

Simona Vinci
O medo do medo
Parla, mia paura

© Editora Âyiné, 2022
© Simona Vinci, 2017
Publicado por acordo com Agenzia Letteraria Santachiara
© Giulio Einaudi editore s.p.a., Torino, 2017

Tradução: Ana Carolina Romero
Edição: Maria Emília Bender
Preparação: Valentina Cantori
Revisão: Tamara Sender, Paulo Sergio Fernandes
Imagem de capa: Julia Geiser
Projeto gráfico: Luísa Rabello
Produção gráfica: Clarice G Lacerda

ISBN 978-65-5998-048-2

Âyiné

Direção editorial: Pedro Fonseca
Coordenação editorial: Luísa Rabello
Coordenação de comunicação: Clara Dias
Assistente de comunicação: Ana Carolina Romero
Assistente de design: Lila Bittencourt
Conselho editorial: Simone Cristoforetti,
Zuane Fabbris, Lucas Mendes

Praça Carlos Chagas, 49 — 2º andar
30170-140 Belo Horizonte, MG
+55 31 3291-4164
www.ayine.com.br | info@ayine.com.br

Simona Vinci

O MEDO DO MEDO

TRADUÇÃO
Ana Carolina Romero

Âyiné

SUMÁRIO

Um. Começou com o medo	11
Dois. A hora do lobo	19
Três. Você é o lar — 2004	29
Quatro. Na sala da psicanalista	47
Cinco. E você, tem medo de quê?	55
Seis. Eu tinha um bebê — 2012	67
Sete. Retorno — 2017	81
Oito. Pequeno jardim em Veneza	91
Nove. Todos psiquiatras de todos	107
Dez. *Glossa Tukè, Glossa Daimon*	119
Nota	123
Agradecimentos	125

Foi por causa da minha fraqueza humana que o espírito da profundeza me concedeu estas palavras. Elas também são supérfluas, porque não falo em virtude delas, mas porque preciso. Se não falo, o espírito me priva de toda alegria e da vida; por isso eu falo.

C. G. Jung, *O livro vermelho*

UM

COMEÇOU COM O MEDO

Como é possível alguém alegrar-se com o mundo,
a não ser quando se refugia nele?
Franz Kafka, *Aforismos de Zürau*

Começou com o medo. Medo de carros. Medo de trens. Medo de luzes brilhantes demais. De lugares lotados demais, vazios demais, fechados demais e abertos demais. Medo do cinema, do supermercado, do correio, do banco. Medo de estranhos, do olhar dos outros, de todos os outros, medo do contato físico, de telefonemas. Medo de cordas, cadarços, cintos, escadas, poços, facas. Medo de ficar com outras pessoas e medo de ficar sozinha.

No lugar em que eu morava, ouvia-se o grito dilacerante das pequenas aves de rapina noturnas que se escondiam entre os galhos das árvores.

À noite, o inferno vestia sua pior máscara.

À noite, quando nas casas ao redor se apagavam todas as luzes, todas as vozes, quando na rua o barulho dos automóveis e dos caminhões diminuía.

À noite, o som dos meus pensamentos era mais alto que tudo: o batimento cardíaco descompassado, o sangue que raspa surdo dentro das veias contraídas. À noite vinha o medo mau. Como definir esse medo particular — que não diz respeito a alguma coisa real, concreta, verificável, evidente, mas é um medo irracional e generalizado, que faz do corpo, do sistema cardiovascular, respiratório e vasomotor, a onda do ciclone, o ponto exato no qual se origina um terremoto, o coração de um incêndio assustador, o abismo mais escuro — que é a crise de ansiedade e, ainda pior, o ataque de pânico? Sensação de queda, de se precipitar em um vazio infinito, de explodir, enlouquecer, de estar à beira da morte. A impressão é semelhante à de um ataque cardíaco. Não por acaso, a primeira coisa que a maioria das pessoas tomadas por uma crise de ansiedade ou de pânico fazem é ligar para uma ambulância ou correr para um pronto-socorro, convencidas de estarem sofrendo um infarto, um derrame, algum problema cardíaco.

Porém, não foi o que eu fiz.

Durante muito tempo não contei nada a ninguém.

Eu morava com uma amiga que trabalhava fora o dia todo, e cada uma de nós vivia por conta própria. Ou melhor, eu não. Naquele momento, eu estava (ou sentia que estava, o que por vezes é a mesma coisa) condenada a uma não-vida. Ou a uma vida excessiva. Múltipla, refratada, alucinante. As minhas vidas possíveis caíam sobre a minha cabeça com a velocidade de impacto de um veículo pesado a 130km/h e eu explodia. Me desintegrava. Assim, pela manhã, eu saía e caminhava em meio aos caminhões. Me parecia mais fácil correr o risco de um choque fatal, uma deflagração. Para mim, as definições são comparáveis à morte, mas

O MEDO DO MEDO

o que era esse abismo escancarado? Eu tinha 33 anos e não sabia quem eu era. À noite, punha a cabeça sobre o travesseiro e o sono não chegava. No fundo, eu dizia a mim mesma, você sempre teve problemas de insônia, mesmo quando era nova, e nunca se livrou deles. O sono é abandono, entrega, e você não sabe se abandonar nem se render. A partir de determinada idade, sempre precisei de ajuda para dormir: gotinhas, melatonina, cannabis. Até que a cannabis, em doses modestas, misturada ao tabaco, e exclusivamente à noite, antes de dormir, começou a me provocar náusea, taquicardia e pensamentos angustiantes. Então parei. E foi aí que tudo começou. Seria abstinência? Naquela dose seria impossível, a não ser que fosse só abstinência psicológica, já que eu não dormia mais. Nem mesmo com as gotinhas. Meu coração explodia no peito, eu afundava a cabeça no travesseiro e pensava: não sou nada, já não sou capaz de ser nada e estou doente, mas, sempre que tento ser alguma coisa, sempre que sou alguma coisa, que interpreto, que escolho um papel, sempre que me concentro para representá-lo do melhor modo possível, na verdade, para encarná-lo, parece que estou prestes a morrer.

Eu já não me importava com ninguém. Nada tinha graça, pessoas, olhos, sentimentos, histórias. A vida era cansativa. E todo aquele esforço não valia a pena.

Então eu pensava:

A escuridão, a um passo.

A cratera fumegante, a um passo.

A lagoa turva, a um passo.

A faca, a pílula para dormir, a corda, a um passo.

Alguns dias, com certa timidez, eu resplandecia, mas a sombra estava ali. Aos poucos, não pensar na sombra, fazê-la evaporar-se como um halo úmido sobre o tecido.

Não consegui, procurei ajuda.

Procurei ajuda antes que fosse tarde demais, no momento em que me dei conta de que a única coisa em que pensava era em suicídio. Pensava constantemente, era meu único alívio: morta, o sofrimento chegaria ao fim. «Enquanto somos, a morte não existe, e quando ela passa a existir, nós deixamos de ser. Ela não é nada nem para os vivos nem para os mortos. Para os vivos, ela não existe, e os mortos já não estão», Epicuro escreveu. Era justamente lá onde eu queria chegar: não estar mais aqui. Não sei o que de fato me deteve, e que depois me levou a procurar alguém que pudesse me ajudar, a telefonar, marcar uma consulta e então ir. Era uma psicanalista. Uma mulher. Não sei exatamente por que não fui até o centro de saúde mental da minha cidadezinha, ou melhor, sei: como muita, muitíssima gente, eu sentia vergonha do que estava acontecendo e não queria que ninguém ficasse a par. Uma campainha ao lado da porta de um apartamento é menos assustadora que um consultório médico. E além disso você paga, e esse gesto te conforta: se você paga, significa que terá direito ao melhor atendimento possível, não será julgado e ninguém ficará sabendo. Isso, é claro, se você puder pagar.

Fiz grandes sacrifícios para pagar as sessões ao longo desses sete anos. Nada aconteceu nos primeiros meses. Eu continuava a me sentir mal. Leva tempo, e eu pensava não dispor desse tempo. Todo dia eu pensava que queria morrer, e depois ficava com vergonha porque não havia motivo que justificasse esse meu desejo. Sim, uma história de amor havia acabado, outra havia começado, e ela então se chocara contra a evidência de sua impossibilidade. Havia um luto, já distante no tempo, mas que continuava a me tomar numa frequência diária, junto com o sentimento de culpa que dele resultava. Eu comia uma banana por dia. E só. Queria ser magra. Queria desaparecer. Pedi remédios à minha psicanalista, e ela, depois de muita insistência minha, me encaminhou a um colega psiquiatra. Ele me dedicou uma hora de seu tempo. Falamos

O MEDO DO MEDO

da minha análise, das crises de ansiedade, do medo. Lembro ter captado, em diversos momentos, flashes de ironia em seu olhar. No final da conversa, ele pegou o receituário, ficou com a caneta suspensa no ar e disse: «Eu posso lhe prescrever, sim, os psicofármacos, mas a senhora está preparada para a possibilidade de engordar dez quilos em três meses?». A resposta me parecia óbvia.

Saí daquele consultório com uma receita que prescrevia comprimidos de ademetionina em três ciclos de vinte dias e pílulas de suplemento multivitamínico. Só isso. Ele estava certo a respeito de uma coisa: eu já estava em meio a um processo de psicanálise, e o fato de ir a todas as sessões sem nunca faltar provava minha disposição para enfrentar o estado depressivo em que me encontrava. Claro, a minha era uma depressão ansiosa reativa — definição que mais ou menos arranquei da minha psicanalista depois de anos de perguntas exaustivas, porque eu precisava me definir, atribuir um rótulo a mim mesma, entender em quem eu havia me transformado —, e esse tipo de depressão — associada ao luto, ou a algum acontecimento que é vivido como um luto e que não é possível processar — se parece um pouco com a ciclotimia: fases de altos e baixos alternadas num curto espaço de tempo, e a possibilidade de tomar decisões precipitadas. Eu tomei decisões precipitadas. Paguei esse preço. Continuei a ir a todas as sessões. Em seguida parei, meio que me adiantando, porque é da minha natureza parar quando decido parar, não tem jeito. Tive sorte? Acredito que sim. Em determinado momento, depois de menos de um ano e meio de análise, pedi uma pausa de três semanas. No mês de junho, um amigo jornalista me convidou para ir a Nova York, onde ele estava fazendo um curso na Universidade de Columbia. Havia alugado um apartamento com vista para o rio Hudson. Eu nunca tinha ido a Nova York, era acometida de ataques de pânico, estava em meio a um processo de psicanálise. Considerado o cenário, o que a lógica teria aconselhado? Escolhi o dia, reservei a passagem, comprei uma caixa de adesivos de nicotina e parti para os Estados Unidos. Não lembro nada daquela viagem de avião, nada. Só sei que foi um voo direto de oito horas, que não me perdi no aeroporto, alcancei o portão de embarque a tempo, levei os documentos necessários e, de alguma forma, cheguei a meu destino. O iPod, companheiro fiel dos meus piores anos, certamente me ajudou — durante todo o trajeto, reproduziu uma playlist com músicas de Sam Cooke, *The Man Who Invented Soul*.

Na manhã seguinte, acompanhei meu amigo à Union Square. Pensei em assistir à aula e então voltar junto com ele. No entanto, depois de um café na Barnes & Noble, R. me entregou um cartão de metrô, um mapa de Manhattan, um cartão de uso em telefones públicos (eu não tinha um celular adequado caso fosse necessário) e um papel com seu endereço e número de telefone. Em seguida me fez um tchauzinho e disse: «Até hoje à noite!». *Pow!* Eu estava no meio de uma cidade desconhecida: A Cidade. Arranha-céus infinitos, luzes que cegavam, ar condicionado no máximo em todo lugar, pessoas grandes e robustas, exalando dureza e eficiência, o sistema toponímico que, para mim, era um pesadelo. Peguei o ônibus M1 para voltar a me refugiar em casa, mas aconteceu uma coisa durante o trajeto. Estava sentada com todos os sentidos aguçados para não perder a parada, e ao mesmo tempo sentia calafrios e rezava, por favor, não permita que venha agora, agora não, agora não, mas comecei a suar, a tremer, a sentir que o ar me faltava, fechei e abri os olhos, perscrutando ao redor: homens e mulheres guerreiros, destemidos, determinados a enfrentar a vida com garra, enquanto eu me desintegrava num punhado de cinzas; ao meu lado, à direita, uma mulher alta e muito preta pôs a mão sobre o meu braço, eu levantei os olhos e me deparei com

O MEDO DO MEDO · 17

os dela. «Meu nome é Mary», ela disse, «sou enfermeira». Seria verdade? Vi que, sob a jaqueta jeans, ela vestia um avental hospitalar verde, provavelmente terminara o turno e se esquecera de tirá-lo, ou então estava com pressa, sei lá. No fundo dos olhos daquela mulher, eu encontrei algo, um ponto de apoio que havia me escapado por meses, anos, uma coisa que depois disso nunca mais me abandonaria: descobri que os seres humanos podem se encontrar mesmo não se conhecendo, que confiar e entregar-se é quase sempre a única coisa sensata a fazer. Me recompus dentro daqueles olhos morenos e límpidos, disse obrigada, e ela me mostrou no mapa onde eu deveria descer, e depois, no momento exato em que eu deveria descer, ela me fez um sinal, e eu desci e cheguei à portaria do prédio certo, peguei o elevador, subi até o andar certo e encontrei, por fim, a porta certa, fechei-a atrás de mim e me abandonei no sofá sem me mexer mais e nem acender a luz. Passei o dia todo ali, olhando o rio Hudson, até o anoitecer, em paz com o universo. Eis o truque, a mágica: não feche, abra. Não se esconda, mostre-se. Não fique em silêncio, fale. Se sentir medo, peça ajuda.

No dia seguinte, abri a porta, chamei o elevador, desci no térreo e saí do prédio. É claro que a história da minha depressão e do meu medo não havia acabado — a história da depressão e do medo talvez nunca tenha fim —, mas um novo capítulo havia começado.

DOIS

A HORA DO LOBO

O espelho se partiu, mas vocês sabem me dizer
o que refletem seus estilhaços?
A hora do lobo, de Ingmar Bergman

A ilha de Baltrum é uma ilha alemã no mar do Norte, muito pequena e pouco habitada. As praias são dunas de areia cinzenta; em certos pontos é cheia de pedras pontiagudas, o horizonte é sombrio. Ao menos é assim que Ingmar Bergman a retrata em seu filme *A hora do lobo*, que se passa em Baltrum, ainda que não tenha sido originalmente filmado lá, e sim em Hovs Hallar, uma reserva natural da Scania, na Suécia, que lembra muito a pequena ilha de Fårö, no mar Báltico, onde o cineasta viveu por quarenta anos, até sua morte, em 2007; começou por passar longos períodos lá e, em seguida, morou de modo definitivo.

Johan Borg (interpretado por Max von Sydow) é um pintor famoso que decide se refugiar na ilha com sua jovem esposa, Alma

(Liv Ullmann). Ela é a testemunha do *cupio dissolvi*[1] que toma posse do marido até fazê-lo desaparecer no nada. Com ele, Alma compartilha longas noites de inverno na pequena casa de frente para o mar. Em determinado momento, o mundo imaginário do homem toma a dianteira e controla o casal. Criaturas dos pesadelos de Johan, que ele esboçava no caderno e mostrava a Alma, fazendo-a adentrar seu teatro de horror. Um barão misterioso, Von Merkens, os convida para jantar no castelo da ilha. Os outros convidados são a personificação dos pesadelos de Johan: máscaras, demônios, fantasmas. Devoradores de pessoas. O castelo é o seu inconsciente, a cenografia gótica na qual se dá a representação de sua alma perdida.

O roteiro de *A hora do lobo* é baseado numa peça que Bergman havia escrito em 1962 e que se chamava *Os canibais*. O filme é um delírio a dois, no qual Lars von Trier deve ter se inspirado para o seu belíssimo e controverso *Anticristo*.

Enigma, surrealismo, expressionismo, loucura, traços de horror.

Na metade da película, o título do filme reaparece e no quarto escuro, à luz de um fósforo, Johan se dirige a Alma, enquanto ilumina seu rosto com a chama; depois, vira-se em direção à câmera, agora iluminando o próprio rosto.

«Quanto silêncio.»

«Sim, faz silêncio.»

«Houve um tempo em que a noite era feita para dormir, um sono calmo e profundo, e então acordar, sem terror.»

«Alma, você está cansada?»

---

1 «Desejo de se dissolver»: locução latina encontrada do Novo Testamento (Paulo de Tarso em sua Epístola aos Filipenses). De «anulamento místico em Cristo», a expressão passou significar o desejo de se autodestruir. [N. E.]

«Não, não muito.»

«Estamos ficando acordados até o amanhecer há várias noites, mas esta é a pior hora. Sabe como ela se chama?»

«Não.»

«As pessoas a chamam de hora do lobo. É a hora em que muita gente morre e muitas crianças nascem, em que o sono é mais profundo e os pesadelos nos assolam, e, se ficamos acordados, sentimos medo...»

«Sim, medo.»

Muitas pessoas que já tiveram ou têm crises de ansiedade e ataques de pânico se lembram perfeitamente das circunstâncias em que eles ocorreram pela primeira vez. O rasgo, o corte. A cesura. O momento a partir do qual tudo se transforma e começa o estado mais assustador: o medo do medo. Eu não lembro. O período da minha vida em que esses episódios de terror começaram a acontecer foi, por si só, «amedrontador». Sendo assim, eu sempre tinha medo, e já havia me habituado a ele. Tinha uma sensação constante de fricção sob a pele, como se alguma coisa estivesse arranhando as paredes internas do meu corpo. Essa condição durou talvez um ano. Eu estava escrevendo um livro em que uma mulher caminhava por uma estrada vicinal de uma cidade pequena, entre os caminhões, sem saber aonde ia, e essa mulher era eu. Dentro da minha cabeça eu convivia com essa mulher da estrada vicinal, com um homem velho e seus fantasmas, e com um jovem e seus demônios. Estava me separando de um homem depois de uma relação de muitos anos, tinha medo de um segundo homem com o qual mantinha uma história complicada, e meu corpo se modificava, eu perdia peso e me transformava: já não sabia quem eu era ou o que queria. Estava tendo problemas também no trabalho, e tinha medo de não conseguir manter sozinha a casa na qual vivi a dois durante quatro anos. Não sabia se ficava lá, se devia me mudar, mudar de horizonte, de vida, de tudo. Nada me prendia, mas tudo me condicionava. Tanto minha cabeça quanto meu corpo eram a minha prisão. A cabeça, tomada por uma espécie de fúria eletromagnética que me fazia perceber tudo de modo alucinado e absurdo; o corpo, que me parecia horrível, desfigurado, com sinais distorcidos e alarmes que disparavam de modo repentino, e sem motivo aparente. Um sentimento constante de tristeza com picos inesperados de angústia.

Não é fácil descrever ou sobretudo explicar às pessoas uma síndrome depressiva que se manifesta por meio de crises de ansiedade. Por isso, é comum que pouco a pouco nos retiremos do convívio de parentes, amigos e próximos: o estado em que nos encontramos não é comunicável, quem nunca sofreu uma depressão dificilmente entenderá, a não ser de modo superficial, o que estamos passando. Um ataque de pânico, se observado de fora, parece não ser grande coisa: batimento cardíaco acelerado, rosto pálido, mãos geladas, talvez um vestígio de suor na testa, mas passa, passa rápido, dura no máximo meia hora, com dois ou três picos excruciantes que vão perdendo força. Quem nunca lidou com um ataque de pânico não imagina como meia hora pode durar tanto e ser tão insuportável.

Quando tentamos contar isso, nos sentimos ridículos. E, dadas as reações incrédulas ou distraídas com que nos deparamos, começamos a nos envergonhar, preferimos ficar em silêncio, nos afastar, desaparecer. As conversas se tornam quase sempre paradoxais, e a partir de determinado momento decidimos evitá-las por completo.

Estou mal.

O que você está sentindo?

Estou mal.

Sei, mas o que você tem?

Estou com medo.

De que você está com medo?

De tudo.

De tudo o quê?

Estou ficando louca.

Mas como assim?! Bem, no fundo, todo mundo é um pouco louco.

Estou deprimida.

Ah, eu também, pensa que não? Ontem eu estava me sentindo péssimo!

Estou triste.

Ah, a tristeza passa.

Quero morrer.

Ei, calma, não fale assim.

Me sinto mal, muito mal, acho até que posso morrer agora.

Tente pensar positivo. Você vai ver que logo tudo se resolve.

Não há nada para se resolver.

Tente se alegrar um pouco. Sorria.

Ok. Obrigado, adeus.

Não é que os conselhos gentis e bem-intencionados estejam errados, o problema é que são inúteis, pelo menos naquele momento: no instante exato em que os sintomas depressivos atingem seu pico, o bom senso, a positividade, a ética e a moral de nada adiantam. Quando não se tem um destino, pouco importam os sinais de trânsito. Talvez o amor silencioso e incondicional, uma enorme paciência e a proximidade sem julgamento podem, a longo prazo, mudar alguma coisa e fazer a diferença, mas decerto não as dicas de como se comportar no mundo, uma vez que, mentalmente, já estamos nos preparando para dar no pé.

Então eu, como tantos outros, também fechava a minha porta e cerrava as cortinas. Eu me escondia. Tentei me curar sozinha — com o silêncio e a escuridão, com rituais de proteção, horários

24 SIMONA VINCI

iguais, movimentos iguais, a vida reduzida ao mínimo: os gatos, a lareira acesa, o trabalho inevitável, a compra básica e feita às pressas, ofegante e apavorada pelas luzes de neon — daquela tristeza que me devorava viva.

Depois das estratégias de prevenção — nada de carro, transporte público, cinema, teatro, correio, banco, escritório, loja —, comecei a ter ataques de pânico sozinha em casa, até na cama, à noite. Havia uma hora específica em que sempre acordava assustada, com o coração batendo forte, a boca seca e os olhos arregalados no escuro: entre as três e quatro da manhã. Sempre no mesmo horário, sempre.

A hora entre a noite e o amanhecer.

A hora do lobo.

«A hora em que muita gente morre e muitas crianças nascem, em que o sono é mais profundo e os pesadelos atacam, e, se ficamos acordados, sentimos medo...».

Quando tudo parecia dormir, menos eu e as aves de rapina. O silêncio da estrada vicinal. Os gatos dormindo. As casas vizinhas invisíveis no escuro. O mundo visível mergulhado no nada. Não conseguia me mexer. Ficava quieta na cama, o coração disparado e as mãos frias. Estou morrendo. Vou morrer. Naquela noite. Na noite seguinte. E na seguinte. Dia após dia, continuaria a morrer até que por fim eu morresse de verdade.

Ainda que no decorrer da vida todo mundo passe por momentos tristes, de desorientação, momentos em que se sente fraco, momentos de medo, às vezes difíceis de suportar, existe a consciência de que são momentos e que, portanto, cedo ou tarde passarão. Tempos difíceis vêm e vão, se dissolvem, basta ter paciência. Além disso, eles costumam ocorrer por um motivo concreto, de modo que podemos contestar, culpar fatores externos e encontrar obstáculos reais que justifiquem nosso sofrimento. Mas

O MEDO DO MEDO 25

quando a angústia se torna generalizada e não há nenhuma razão contingente em particular à qual nos apegar, como um prego em uma rocha na qual se pode escalar, já não há nada que faça sentido. Tinha a sensação de estar me consumindo viva. Como um fósforo que queima no escuro e logo se apaga. Nem nome eu tinha, eu não era mais uma pessoa: a história da minha vida, os acontecimentos, as datas, os aniversários, os dias bons e os ruins, as pessoas que amei e também as que me amaram, as amizades, até mesmo meu trabalho, os livros, a música, as coisas de que eu mais gostava, nada mais me interessava. Eu tinha pressa de que tudo acabasse. Estava farta da vida e, principalmente, estava farta de mim mesma. Escrevia palavras sem sentido, sem qualquer construção sintática, no limite da afasia, em cadernos que deixava espalhados pela casa, e que agora me envergonha reler, como se fossem palavras secretas escritas por outra pessoa. Às vezes não passava de uma lista de sensações desagradáveis. Eu não enxergava soluções para o meu mal-estar porque, afinal, não havia nada a ser resolvido. Eu é que estava toda errada.

As fantasias de morte se tornaram cada vez mais vívidas e pulsantes. Nas raras vezes que eu saía, caminhava pela estrada vicinal próxima à minha casa, e percorria sempre uma distância maior, sempre por um período mais longo. Não havia ciclovias ou faixas para pedestres, mas eu não prestava muita atenção a isso, só caminhava, um pé atrás do outro, um passo atrás do outro, atordoada, em meio a uma vertigem que me dissolvia; no delírio em que me encontrava, talvez pensasse que se um caminhão me sugasse para debaixo de suas rodas pelo menos a culpa não teria sido minha, significaria, então, que era para ser, que a responsabilidade da escolha não teria sido minha. Haveria acontecido e pronto.

Quando voltava para casa, passava horas imaginando a cena da minha morte. A casa tinha se transformado numa armadilha. A banheira de azulejos brancos e vermelhos acolheria o rio de sangue que jorraria das veias abertas. Abertas na vertical, é claro, eu não estava brincando, e então relembrava as ridículas cicatrizes horizontais das tentativas também ridículas de suicídio que vira nos braços de algumas colegas do ensino fundamental e médio. Eu sabia o que fazer. O sangue não me assustava. A lentidão dessa morte, sim.

E, então, o forno a gás — nunca quis trocar por um forno elétrico: a justificativa era que eu aprendera a cozinhar assim, de modo que não fazia sentido mudar —, que suportaria o peso da minha cabeça na grelha preta enquanto eu inalaria o odor agradável de trufa química. A poeta Sylvia Plath também escolhera o forno. No entanto, deve ter havido um motivo: será porque não teria sido uma morte violenta? Sem sangue, sem corpos desfigurados ou pedaços de cérebro espalhados. De qualquer modo, eu não tinha uma arma. Felizmente, aliás. Caso contrário, como diz a personagem deprimida de um dos contos da escritora americana A. M. Homes, «eu atiraria em mim mesma um milhão de vezes por dia».

A cama, onde eu já dormia sozinha, arrumada para a ocasião com um dos dois melhores jogos de lençol — algodão antigo, pesado, fresco, bordado pela minha avó com rosas e folhas verdes cor-de-rosa —, seria um caixão para o meu corpo abandonado, sem vida, cheio de benzodiazepínicos e álcool.

A banheira, o forno, as vigas de madeira do teto e até mesmo as paredes me diziam que eu devia morrer.

Eu via no gesso marcas de pequenas mãos e pés ensanguentados como se as paredes transpirassem. De manhã, à luz do amanhecer, as pegadas haviam desaparecido, a parede era branca, intacta, e eu me sentia exausta. Pelas escadas — escadas de madeira e pedra vermelha, estreitas e íngremes —, quando eu subia ou descia para ir de um andar a outro, sentia mãos me roçando e alguém que suavemente me soprava o rosto. Era um

O MEDO DO MEDO 27

consolo, aquele sopro, muito mais que um susto, alguém — ou alguma coisa? — me atraía para uma outra dimensão, e teria me ajudado a pular para fora daqui, onde o tempo já não existe, e o fardo de ser um corpo vivo e submetido à dor aqui na terra, sujeito à força da gravidade, a doenças — e principalmente ao medo — enfim desapareceria.

Talvez tenha sido aquela respiração doce que me fez decidir que a escada seria o lugar ideal, e o enforcamento a modalidade certa.

Naquela noite, no silêncio, de repente uma chave girou na fechadura da porta de entrada: a colega de quarto — que recentemente havia mudado para o quarto com banheiro e lareira que havia sido meu e no qual já não colocava os pés havia dois anos — voltou sem avisar: ela deveria ficar fora até a manhã seguinte, como acontecia com frequência quando, em razão de algum concurso, passava as noites no escritório de arquitetura em que trabalhava.

Me afastei rápido da escada, antes que ela pudesse me ver, guardei a corda no armário (depois queimei na lareira) e fui para a cama ainda vestida e maquiada. Me dei conta de que no momento em que decidi que era hora de ir, não pensei em mais ninguém. Não escrevi nenhum bilhete, não cogitei a ideia de deixar um testamento (e de fato não possuía nada de valor). Eu queria ir embora, e o mais rápido possível, não me sobrava tempo de pensar em mais alguém.

O que estava acontecendo comigo?

Tendo chegado ao ápice de um processo de autodestruição, entendi, agora com clareza, que estava realmente prestes a fazer isso, que já não era uma fantasia, que o próximo passo poderia ter sido fatal, e assim fui atrás de ajuda.

Talvez eu tenha pensado que, tendo alcançado um limite extremo de tédio pela vida, um dia a mais ou a menos não faria diferença. Talvez eu ainda pudesse esperar um pouco. É consoladora, a ideia do suicídio. Está ao alcance das mãos. E depois de tê-la realmente contemplado, até o fim, em todos os detalhes logísticos, temporais e metodológicos, além de todas as implicações, por um período ela também pode ser apaziguadora. O que por vezes acontece é que as pessoas se suicidam em um momento que, visto de fora, parece feliz: «estava tão bem», «não manifestava nenhum sinal de depressão ou desespero», «uma absoluta surpresa». É claro, quando se chega ao limite, a solução passa a ser só uma: morrer. É libertador, então, você se autorizar: você pode fazer isso, você vai fazer isso.

No entanto, aceitando a ideia de morrer, sem ter consciência, eu me desafiei a viver.

Eu precisava de dois pontos de apoio e os encontrei: um homem e uma mulher. Um cuidaria do meu corpo, a outra da minha mente. Mas as coisas não são assim facilmente distinguíveis. Eu não sei se eles se conheceram, se alguma vez se confrontaram. Sabiam da existência um do outro, mesmo que eu às vezes sentisse certo desconforto e tivesse a impressão de estar traindo a ambos, já que aos dois havia entregado a minha sobrevivência. Mas, agora sei, não havia outro modo de fazê-lo.

TRÊS

VOCÊ É O LAR — 2004

Você é o lar e o habitante do lar.

Texto lamaísta

Durante um ano, toda quinta-feira de todas as semanas, pulando apenas os feriados, eu me sentei na sala de espera de um cirurgião plástico reconstrutivo e estético. Ao longo daquele ano, sempre fui a última a ser atendida pelo médico: as pessoas se levantavam, entravam no consultório, saíam, recolhiam bolsas e casacos para ir embora, até que todas as cadeiras estivessem vazias de corpos e rostos, embora não de histórias. Cada mulher, homem ou criança que saía daquela clínica deixava algo de si. Exceto em casos menos frequentes — um chapéu, um par de luvas, um brinquedo, um guarda-chuva, um recibo amassado —, não era nada de tangível, era mais um rastro que incluía perfumes, odores corporais, vírus, emoções, pedaços de frases, auras de pensamentos. Existiam mesmo todas essas coisas? Não, e no entanto eu as sentia. Acho que as verdadeiras razões pelas quais toda quinta-feira à tarde eu aparecia naquele consultório não eram tanto — e nem exclusivamente — o desejo e a ansiedade, mas acima de tudo a necessidade — a dependência? — que então havia desenvolvido por aquela sala e pelos segredos que, de modo nebuloso, eram abandonados pelos corpos que até então os guardavam. Segredos? Alguns, a maioria, eram de fato, outros não. Há coisas que podem ser escondidas, já outras são tão evidentes que não há máscara ou capa capaz de disfarçá-las. As pessoas que frequentavam a clínica vinham de toda parte da Itália. Enviadas, como sempre acontece quando se trata de doença e tratamento, pela rede de saúde e por outros médicos, por indicação de pacientes, fóruns da internet e pela própria esperança.

O cômodo era pequeno, abafado, as cadeiras encostadas nas paredes, alguns quadros pendurados e uma janela protegida por uma cortina opaca que cobria a vista para os viadutos.

Quando tinha a sorte de encontrar uma cadeira livre, eu me sentava toda empertigada; caso contrário, ficava encostada no batente da porta e, como os demais, olhava para a ponta dos sapatos, as unhas, folheava uma revista ou procurava dentro da bolsa um lenço de papel ou um chiclete, fingindo desinteresse e distância daqueles que estavam ao meu redor. Acreditávamos estar protegidos por uma bolha de invisibilidade, e isso apenas porque conseguíamos não cruzar os olhos uns com os outros, mas a coisa não funciona bem assim. A verdade é que na sala de espera de um consultório, em especial de um cirurgião plástico, todos observam todos, e cada um de nós deixa de lado, pelo menos por um momento, a própria história enquanto imagina a dos outros. Mulheres de meia-idade com óculos de sol que escondem o inchaço de uma blefaroplastia, homens, mulheres e crianças com curativos e ataduras visíveis em partes expostas do corpo (rosto e mãos) a fim de cobrir a rinoplastia, otoplastia, mentoplastia, excisão de nevos, cauterização de angiomas. Os outros: mistérios preservados

O MEDO DO MEDO 31

pelas camisas, suéteres, saias e calças. Eu sabia que havia — ou em algum momento haveria — reconstruções mamárias, mamoplastia aditiva ou redutora, lipoaspiração, abdominoplastia, plástica nos glúteos, *face liftings*, correções de cicatrizes ou de manchas na pele. Grande parte das pessoas com quem me encontrei naquela sala não estava ali para satisfazer um capricho ou seguir uma tendência, mas para remediar uma afronta do destino. De todo modo, eu não nutria e ainda não nutro nenhum preconceito em relação à cirurgia estética, por isso não fazia distinção.

Uma mulher da minha idade — cerca de 35 anos — tentava esconder com a gola alta do suéter, depois com o cachecol e então com o *foulard*, assim que o inverno dava lugar à primavera, lábios que não tinham nada de natural, a não ser o bege invisível do brilho para hidratá-los. Eram lábios absurdos, incongruentes com aquele rosto anguloso e cheio de sombras. Lábios em cuja superfície estava estampada a data de fabricação: anos 1980-90, quando os preenchimentos permanentes, inclusive o silicone, hoje banido, eram a última moda em termos de descobertas estéticas. Ninguém levantava o problema da não reabsorção do silicone, de sua possível migração para outros locais — incluindo órgãos e nódulos linfáticos —, da embolia, ou de que ele pudesse se ligar às fibras a ponto de não ser mais possível retirá-lo. Resultado: fenômenos inflamatórios, nódulos, fibrose e granulomas, dolorosos e, além de tudo, com uma aparência horrorosa.

Aquela penitente martirizava a pele do lábio inferior, os olhos baixos. Estava ali para recuperar o rosto de outrora, sem saber se seria possível. Por capricho ou para entrar na moda, consentiu que um cirurgião, relativamente famoso entre a sociedade local, aplicasse seringas de turgor em seus lábios e, quando caiu em si, desabou. Gelo e pomada não seriam suficientes para voltar atrás. Daquele momento em diante, seu rosto envelheceria em torno daquela carnuda e obscena flor de plástico que, talvez pela força da gravidade, até cairia, mas certamente não se esvaziaria.

Lembro de Suzanne Noël, a primeira mulher a se tornar cirurgiã plástica, e de suas afirmações a respeito da importância social da cirurgia. Nascida Suzanne Blanche Marguerite Gros, no dia 19 de janeiro de 1878, em Laon, na França, ainda jovem se casou com um dermatologista, André Noël, e em 1905 decidiu seguir os passos do marido. Em pouco tempo o ultrapassou, tornando-se uma das cirurgiãs mais importantes da França. Primeiro trabalhou ao lado do professor Morestin, pioneiro da cirurgia maxilofacial em Paris, e depois no departamento de dermatologia do professor Brocq. Viu com os próprios olhos e corrigiu o *lifting* que o fundador da cirurgia plástica moderna, o norte-americano Charles Miller, fez no rosto da grande atriz Sarah Bernhardt, e manteve com ele uma longa e frutífera correspondência transoceânica a fim de compartilhar descobertas e «truques» da profissão. Durante a Primeira Guerra Mundial, ela trabalhou como cirurgiã reconstrutiva: foram os campos de batalha a terrível escola em que a médica refinou suas técnicas, inventou procedimentos e instrumentos cirúrgicos até hoje utilizados, e foi uma feminista convicta e defensora dos direitos das mulheres. Para Noël — intelectual, médica e mulher que viveu e trabalhou durante os efervecentes anos de 1920 —, a cirurgia plástica estética era um direito de todos, e para as mulheres poderia significar uma grande ajuda para alcançar uma independência econômica. Uma imperfeição física muito visível ou um envelhecimento precoce podem causar depressão, a ponto de as pessoas colapsarem; nesses casos, o procedimento pode restaurar o que se perdeu, ou então conceder o que nunca se teve: a possibilidade de se sentir bem consigo mesmo no mundo e com os outros. Os excessos da cirurgia plástica contemporânea, que às vezes beiram o grotesco, nos distraem do verdadeiro foco dessa nobre, antiquíssima — ainda que pareça novidade, os mais antigos

O MEDO DO MEDO 33

vestígio de cirurgias plásticas no rosto remontam aos vedas, aproximadamente a 3000 a. C. — e delicada arte de restaurar a graça e a harmonia nos pontos onde elas faltam ou foram destruídas. Essas questões estavam bem claras para Suzanne Noël, e suas mãos e sua inteligência produziram transformações nos rostos, nos corpos e nas consciências de seu tempo.

Nas tardes de quinta-feira daquele meu longo ano de transformação, os rostos na sala de espera se iluminavam quando o cirurgião entrava no recinto para chamar o próximo paciente. Os cabelos escuros, levemente compridos, o jaleco branco que caia bem no corpo alto e esguio, os olhos sorridentes e a calma zen de um monge guerreiro o transformavam numa figura sagrada. Ele era — ou se tornaria? — o nosso médico, e portanto o nosso salvador. Afastaria nossos infortúnios físicos e nos daria, ou restituiria, o que sempre (e para sempre, por toda a vida que nos foi dada viver) nos cabia de direito enquanto criaturas humanas: um corpo saudável, forte e bonito. Assim acreditávamos, é claro, senão não estaríamos ali.

É difícil quantificar o tempo que passei, ao longo daquele ano, consultando sites de cirurgia plástica: centenas de *home pages* de médicos do mundo todo — celebridades, famosos, conceituados, excelentes, bons, discretos, medíocres ou desconhecidos sem escrúpulos — e fóruns onde mulheres de todas as idades e etnias trocavam opiniões, medos, angústias e endereços de clínicas que consertariam os erros dos médicos anteriores. Diante de meus olhos, provavelmente passaram milhares de peitos de todas as cores e formatos que já haviam sofrido retoques de vários tipos e graus. Mastoplastia aditiva, redução de mama, mamoplastia, Benelli Lift, Anchorlift, a técnica do Round Bloch do dr. Benelli ou «bolsa de tabaco» areolar ou periareolar, cicatriz em L, em T invertida, em «orelha de cachorro». Eu estava aprendendo uma terminologia que se estendia do mais rigoroso léxico médico-cirúrgico e científico ao jargão da sala de cirurgia. Nos fóruns, era necessário se inscrever com nome e sobrenome para ter acesso à senha mágica que permitiria ver, por um buraco na fechadura, o interior do espelho no qual se refletiam centenas de milhares de corpos — e almas e mentes — em tormento.

Ex-obesas, atletas, mães de vários filhos, meninas, mulheres de meia-idade, mulheres idosas. Peitos oblongos e caídos, ou desmedidos e com estrias, em forma de maçã, pera, melão, peitos imaturos sem nenhum sinal de protuberância, seios tuberosos, tóraxes estilhaçados por mastectomias devastadoras.

Investigava-se a prova da eficácia da *magia* cirúrgica nas páginas que se abriam clicando nas palavras: pré e pós-operatório. As imagens comparativas de antes e depois, com o enquadramento à altura do pescoço e do estômago a fim de que se evitasse a identificação do rosto. Nem todos os «depois» eram bem-sucedidos. Seria impossível. A cirurgia plástica não é, evidentemente, milagrosa, e cada intervenção em cada corpo pode apresentar resultados diferentes a depender de dezenas de variáveis: condição da pele, idade, peso, etnia. Nos fóruns, as mulheres gritavam seu desespero e raiva diante de médicos que haviam prometido o que não conseguiram cumprir. Tudo pode acontecer depois de uma cirurgia de aumento ou elevação dos seios. As próteses (de silicone ou de solução salina) podem formar cistos, que necessitam de uma ou mais intervenções, as suturas podem se infectar ou se esticar, podem surgir também queloides desfigurantes (em outras palavras, a pele que não cicatriza bem) e de todo modo leva meses para que uma mama operada se estabilize, as cicatrizes desapareçam e se possa enfim ter uma ideia concreta do resultado final. Não é psicologicamente fácil passar por todas essas fases, só que poucas mulheres sabem disso antes. Eu queria saber. Por isso estudava.

O MEDO DO MEDO   35

No fundo, as histórias que as mulheres compartilhavam nos fóruns repetiam quatro ou cinco esboços de um mesmo roteiro, o resto eram detalhes. Havia as que nunca tinham tido peito, as que de repente o viram aumentar de modo exagerado, as que passaram por uma intervenção e também as que, depois de uma ou mais gravidezes e amamentação, ou da perda de peso veloz e drástica, viram os seios afundarem em meio a tristes dobrinhas de pele.

Eu sempre odiei meus seios. Quando pequena, eu não os desejava, e observando a escassez de volume da minha mãe, acreditei que os meus não cresceriam nunca. No entanto, eles cresceram, o que para mim foi uma tragédia. Um 44 farto que atraía o olhar dos homens. Eu passava uma faixa apertada para escondê-los, mas não funcionava. Eu os detestei por toda a minha vida, até que, aos 34 anos, depois de uma dieta que me fez perder quase quinze quilos no período de um ano, deparei-me com os seios de uma velha, horríveis. Entendia que a concentração obsessiva em um detalhe do corpo era absurda, e então me envergonhava: o mundo estava coalhado de problemas e questões mais importantes, assim como de pessoas que suportavam seus defeitos sem se lamentar ou se deixar aniquilar por eles, mas eu não conseguia. Sempre sonhei com um corpo que correspondesse à minha personalidade de amazona: esguio, seco, o peito apenas sugerido. Uma guerreira, e não uma mãe, coisa que, além do mais, eu não era, e nem desejava ser.

O desenho que tracei com a mão firme na folha em branco que o cirurgião me entregou mostrava com clareza: meias-luas para cima, uma pequena aréola redonda e dois pontos. Ele me observava em silêncio. Depois, deu uma volta na mesa e se sentou ao meu lado, em uma das poltronas posicionadas em frente à escrivaninha. Apontou para a minha camiseta, sorriu e perguntou: vamos ver?

Enquanto eu levantava a camiseta e desabotoava o sutiã, meus olhos se encheram de lágrimas: sempre odiei que essa parte de meu corpo fosse observada por homens, era insuportável, eu podia até sair de casa sem calcinha, mas nunca sem sutiã! Cerrei as pálpebras e, no escuro, pude sentir suas mãos que me roçavam, a princípio de modo leve, e depois com uma força crescente. Ele sondava a consistência, o peso da glândula mamária e a elasticidade da pele: variáveis importantes para avaliar o tipo de intervenção corretiva. Não dizia nada, não disse nem mesmo no momento em que me fez um gesto para que eu me vestisse, e então se sentou do outro lado da mesa. Sorriu para mim, eu também tentei corresponder.

«Então», ele me disse, «o que você gostaria de fazer?»

Levantei a mão direita em frente ao peito e gesticulei, rápida e claramente: um cutelo que corte, zap e pronto.

Seus olhos se arregalaram em uma expressão de incredulidade.

Colocou diante de mim uma folha de papel em branco e uma caneta, pedindo que eu dividisse o espaço da folha em dois e que desenhasse, primeiro, como eram meus seios hoje e, depois, como eu gostaria que eles ficassem. Rapidamente, tracei quatro imagens, duas de frente e duas de perfil. Quatro seios, quatro mamilos, duas mulheres distintas, incompatíveis.

Quando virei o papel para que ele visse meus rabiscos, senti que enrubecia: eram reais as minhas palavras ou aquelas formas que germinaram de meus dedos? A mulher que desejava nascer em mim era a guerreira amazona de palavras frias ou a fêmea delicada com seios redondos e adolescentes? Quem era o meu verdadeiro eu? Certamente não era a anoréxica em que eu havia me transformado nos últimos dois anos. Comia uma banana ao meio-dia. Às vezes acrescentava uma laranja. À noite: proteína, mas pouca. Já estava acostumada, tudo parecia estar bem assim. Não tinha fome e também não tinha tempo de me preocupar com a

O MEDO DO MEDO

comida, uma vez que eu precisava pensar se queria viver ou morrer, e não percebia que, se continuasse a não comer, talvez a resposta cedo ou tarde chegasse sozinha.

Eu praticamente não tinha sequer um grama de glândula mamária. Queria tirar aquela pele esvaziada, sentir-me chata e lisa como uma tábua, esquecer de sutiãs e faixas, eliminar a aparência dos mamilos que conseguiam furar camisetas e suéteres. Anular essa parte de mim que desde sempre, desde que surgira, nos meus treze anos, me perturbava, obrigando-me a lidar com sua exuberância, seu peso. Eu queria simplificar. Ele me olhou sem dizer nada. Seus olhos eram carinhosos e doces, e me impactavam, ainda que eu não quisesse que ele percebesse: amazonas não se comovem. Amazonas cortam ou queimam um seio a fim de acomodar o arco.

«Se agora entrasse um homem por aquela porta e dissesse: doutor, corte meu dedo porque eu não o suporto mais, a senhora acha que eu poderia fazer isso? Além do mais, acha que, sem o dedo de que ele se queixa, esse homem se sentiria melhor?»

«Por que não?», respondi.

Assim começou o ano do corpo imaginado. Nunca pensei que meu corpo pudesse me exigir tanta energia mental. E na verdade o corpo era o menor dos problemas, porque o corpo, e o restante, ou andam juntos ou simplesmente não andam.

O médico me pesava para entender se meu peso ainda baixaria, e continuaria a baixar, ou se estacionaria ali pelo resto da vida, o meu peso ideal. Era um dado importante para a intervenção. Na verdade, era essencial. Não se deveria agendar uma cirurgia plástica em pessoas com distúrbios psicológicos. E a anorexia é um distúrbio psicológico. Mas eu não era, de fato, anoréxica. Estava só me transformando. Em que, exatamente, eu ainda não sabia.

Toda quinta-feira à noite, no consultório já vazio, eu me sentava em uma poltrona baixa, ao lado de um abajur de luz fraca, e fechava os olhos, respirando com calma e regularidade, como o doutor recomendara. Ouvia barulhos próximos e barulhos distantes, e visualizava lugares nos quais meu corpo poderia relaxar e usufruir de bem-estar: um mar de águas transparentes com pequenos peixes coloridos, uma piscina azul de reflexos dourados nos ladrilhos do fundo. Eu saía desse estado de meditação induzida com uma leveza sempre nova, mas o pensamento fixo não me abandonava: queria que o cirurgião me extirpasse ambos os seios, que achatasse meu peito, pouco me importavam as cicatrizes. Sonhava poder usar uma regata sem sutiã, finalmente livre daquele ridículo, inútil e agora também horrível volume.

Estava preparada para qualquer coisa. Já tinha visto fotografias da mastopexia: cicatrizes que saem do sulco inframamário, cortam a mama em dois, na região inferior, e circundam a aréola. Vermelhas, deformadas, e cada vez mais pálidas e sutis. Sem o acréscimo de próteses, os novos seios sempre pareciam achatados, almofadas cujos enchimentos já estivessem gastos. Nada parecido com as frutas sólidas e luzidias das mastoplastias de aumento.

No dia em que o cirurgião tirou da gaveta três pares de próteses de silicone de tamanhos diferentes e as dispôs sobre a mesa, fiquei atordoada. Ele me disse para pegá-las e sentir seu peso e sua textura. Devagar, uma semana após a outra, ele me encaminhava para uma imagem nova de mim mesma, que eu continuava a achar horrível. Outra vez os seios, inchados e grandes, o mesmo tamanho de antes, o mesmo pesadelo da adolescência. Eu não entendia. Mas ele persistia em seu esforço de me converter. Me explicou que algumas pessoas sofrem uma espécie de percepção alterada em relação ao próprio corpo, dismorfofobia somatopsíquica: um defeito inexistente (dismorfofobia subjetiva) ou real (dismorfofobia objetiva) que, exasperado por aquele que sofre da condição, torna-se uma obsessão que condiciona todos os outros

O MEDO DO MEDO 39

aspectos da vida. Nesses casos, a cirurgia plástica e estética pode ser de grande ajuda.

Aceitei ser fotografada, e a primeira sessão de fotos (três minutos no total) com a câmera digital me pareceu eterna. De frente, perfil direito, perfil esquerdo. Assimetria, o seio esquerdo mais feio que o direito. O lado esquerdo é o feminino, disse o doutor, e o direito representa o masculino. No geral, há uma ligação entre a parte do corpo na qual a assimetria se manifesta de modo mais evidente e a psique. Nenhum corpo e nenhum rosto são simétricos, ainda que o ideal de beleza clássica aspire à simetria, que nunca é concedida na natureza. Se a assimetria é muito evidente, ela pode desencadear desequilíbrios psicológicos. Em determinado momento, quando a data da minha cirurgia já estava marcada, o doutor me contou a história de M., um rapaz de 25 anos que apareceu no consultório com um pedido muito específico: ele queria virar mulher.

Hoje, na itália, para mudar de sexo é necessário seguir um protocolo nacional instituído pelo ONIG (Osservatorio Nazione sull'Identità di Genere), que prevê um processo que engloba a psicoterapia, além de uma perícia psicológica, psiquiátrica e endócrina para a autorização de terapia hormonal. Sendo assim, até chegar a uma intervenção real, é preciso passar por um longo processo (diagnóstico de disforia sexual, terapia hormonal, um tribunal onde apresentar o requerimento de autorização a uma intervenção cirúrgica e a solicitação para mudança de nome e gênero nos documentos).

No entanto, o caso de M. aconteceu antes de que o ONIG fosse instituído, o que tornava a situação menos clara do ponto de vista da burocracia.

O médico me contou que não se sentiu à vontade para levar a cabo a operação de imediato, como o garoto gostaria, mas que decidiu propor uma alternativa: o procedimento começaria pelos seios. O percurso foi complicado, pois aquele rapaz, assim como eu, tinha urgência para se ver dentro do corpo que desejava, e a ideia de continuar com um órgão sexual que detestava não o agradou.

Passou um ano. Quando acordou com os novos seios, m. se sentia feliz. Um passo em direção a sua nova identidade, a verdadeira, fora dado. Ele se sentia pronto para atravessar o Rubicão, mas o doutor ia devagar. Disse que ele deveria aprender a conviver com aquela nova parte de si mesmo, e que seriam necessários meses antes de que pudessem prosseguir. Os meses se passaram. E m. desapareceu da clínica. Adiou seu retorno de semana a semana, de novo e de novo, até que um dia finalmente apareceu. Veio para a consulta de mãos dadas com uma moça. Era a sua namorada, disse, ele estava apaixonado e havia percebido que já não queria ser mulher.

As próteses foram retiradas.

No peito daquele garoto sempre haverá uma pequena cicatriz na borda inferior dos mamilos, o vestígio do ano em que ele acreditou querer mudar sua identidade sexual. Talvez a incerteza permaneça em um canto de sua mente, não dá pra saber, mas as cicatrizes estarão ali para lembrá-lo de que não foi a natureza ou o destino que lhe impôs uma identidade sexual, mas que ele mesmo, m., escolheu ser homem.

Essa história comprova que a cirurgia plástica estética não diz respeito apenas a retalhos de pele, tecidos musculares, camadas adiposas ou protuberâncias ósseas, mas também trabalha as camadas intangíveis, e no entanto determinantes, da consciência individual. Sempre que um bisturi corta e remodela um corpo, esculpe-se também uma mente e uma interioridade, e o possível impacto da transformação morfológica que a cirurgia plástica opera sobre a psique deve ser levado em consideração com cuidado.

O MEDO DO MEDO

Saber quem você é, e escolher, dentro dos limites do que é humanamente possível, quem você poderia, ou gostaria de se tornar. O meu objetivo era esse. Refazer meus seios era um capricho? Não, não era. Era uma questão de vida ou morte? Não, não era. A resposta estava no meio: procurava uma dignidade que, naquele momento, me parecia faltar. Tive a sorte de encontrar um cirurgião sério, empático e generoso que cuidou do meu corpo com a mesma compaixão que o levava e ainda o leva, junto à sua associação, a operar gratuitamente em Bangladesh e em outros países em desenvolvimento as crianças com palatos fissurados (lábio leporino), um defeito genético que muitas vezes resulta também em problemas funcionais de nutrição, mas que, em muitos outros casos, é um problema apenas «estético». Mas se trata realmente só de um problema estético quando a criança é apontada, evitada, marginalizada da vida social de um vilarejo porque nasceu com uma má formação que condicionará toda sua vida?

Eu teria mudado de ideia se na época tivesse visto as fotos de *The Unknown Soldier*, um projeto lindo e chocante, publicado em 2013 (mas que durou três anos), pelo fotógrafo americano David Jay?

O homem com o braço amputado e o rosto derretido em uma máscara de pele tem nome e sobrenome: ele é Robert Henline, sargento do Exército dos EUA, envolvido em um bombardeio no Iraque. O tanque no qual ele estava com outros camaradas explodiu e ele foi o único a sobreviver. Um outro, Jerral [Hancock], é um rapaz bonito, de olhar duro e com uma tatuagem na maçã esquerda do rosto. Na foto de Jay, ele leva, com a mão que ainda lhe resta, uma bituca de cigarro acesa aos lábios. A outra ele deixou no Iraque, entre os destroços do tanque em chamas no qual ficou preso por mais de meia hora. Não consigo imaginar o que essa meia hora possa ter sido. Conforta-me acreditar que Jerral estivesse inconsciente e não pudesse se perguntar se e como sairia dali.

Nicholas John Vogt, por sua vez, outro militar do exército americano, em 12 de novembro de 2011 foi gravemente ferido pela explosão de um dispositivo durante uma patrulha em Panjwaii, no Afeganistão. São dele as fotos que mais me impressionam, porque foram tiradas embaixo d'água, dentro de uma piscina: um homem sem pernas que nada e se deixa levar pelo toque da água. A princípio, Nicholas se recusou a participar do projeto, depois decidiu aceitar, apresentando uma condição: não queria ser retratado como um homem partido em dois pela guerra, preferia ser fotografado enquanto realizava uma atividade que, naquela época, praticava com entusiasmo: a natação. David Jay tirou muitos dos retratos no Centro Médico do exército Walter Reed, em Washington, local para onde os feridos de guerra no exterior em geral são levados. A depender da gravidade, alguns pacientes passam anos lá. Eles moram em apartamentos individuais, onde os parentes também podem ficar e tomar conta deles. Não se sabe o que acontecerá a esses caras, se para alguns haverá ainda a possibilidade de melhorar as condições, se algum, em determinado momento, dirá «chega, está bom assim», ou se algum outro ficará, pelo resto da vida, obcecado pela aparência que tinha antes (e pelas funcionalidades perdidas).

Todo ser humano reage de modo diferente às adversidades e aos traumas, e não é possível julgar quanto pesa, de modo subjetivo, o fardo que outra pessoa carrega.

Se penso nos inúmeros procedimentos cirúrgicos corretivos a que foram e muito provavelmente serão submetidos os veteranos do exército dos EUA retratados no projeto fotográfico de David Jay — muitas vezes por anos, talvez durante toda a vida —, logo tenho vontade de dizer «ok, estávamos brincando». Deixemos a eles a cirurgia plástica reconstrutiva e também a estética, mas estaria

O MEDO DO MEDO

sendo desonesta, engrossando a insuportável multidão de fiscais moralistas que sempre detestei.

A cirurgia plástica ajudou a mudar a minha vida, devolvendo a meu corpo uma dignidade que eu sentia ter perdido. Não obtive o que acreditava desejar, isto é, uma mutilação, e sim a perspectiva correta quanto àquilo que meu corpo podia razoável e harmonicamente voltar a ser. Sem cicatrizes desfigurantes e sem atingir uma perfeição inatural. Aos 34 anos, eu não tinha e nem queria ter filhos, mas o cirurgião entendeu que meu problema era uma identidade feminina não resolvida. Durante toda a adolescência, eu me senti angustiada diante de uma possível gravidez, a ponto de perguntar ao ginecologista que na época me acompanhava se não seria possível que ele me fizesse uma laqueadura, já que eu sabia que não queria ser mãe. Ele se recusou. Assim como o cirurgião, ainda que sempre com delicadeza, me fez entender com clareza que, aos 35 anos, o jogo ainda não pode ser dado por encerrado, são muitas as mulheres que descobrem querer filhos em idade mais avançada, e ele não teria se prestado a realizar uma intervenção que pudesse me criar dificuldades quanto a um ganho de peso e uma eventual amamentação. Mais tarde, haveria todo tempo para fazer retoques, talvez até anos depois; o importante para ele era que eu aceitasse minha feminilidade e sua expressão nas formas do corpo, que a natureza e os genes me haviam dado.

O percurso para chegar a entendê-lo não foi curto nem indolor, foi na verdade exatamente o oposto, longo e doloroso.

E foi nesse percurso que as crises de ansiedade se tornaram minhas companheiras inseparáveis.

Naquela manhã de novembro, tendo deixado a sala de cirurgia depois de quatro horas e meia de operação, tive uma baita queda de pressão e então minha permanência na clínica durou mais que o esperado. Quando enfim recebi alta, tinha duas rodelas de plástico sob as axilas com tubos de drenagem pelos quais escorria um fio de sangue vermelho escuro, curativos no peito e uma sensação de asfixia e dor que por duas semanas me impediu de dormir deitada. Uma tontura devastadora me jogava para trás sempre que eu tentava levantar, acender um cigarro, fazer alguma coisa, qualquer coisa. Aos poucos, a condição física melhorou. Ainda que o cirurgião não tivesse me explicado a cirurgia em detalhes — é claro, eu sabia das próteses, ele me convenceu a escolher não as menores, mas as medianas, assim o excesso de pele não seria demasiado e as cicatrizes seriam menos extensas, e muito dependia de como as coisas aconteceriam na sala de cirurgia, então não havia muita coisa que ele ainda pudesse me garantir —, e me dissera que o inchaço logo diminuiria, eu sentia que alguma coisa não estava em ordem. Não estava de acordo com as minhas expectativas. O único corte que eu sentia puxar era o que estava sob o seio, e não acima ou ao redor da aréola ou do mamilo. Quando finalmente apareci para o check-up pós-operatório, os curativos foram removidos e eu pude observar no espelho os resultados daquele ano de transformação, meus batimentos cardíacos dispararam, meus olhos se encheram de lágrimas e eu tive vontade de rasgar meu próprio peito. Refletida naquela superfície oval, eu enxergava uma mulher robusta, com um par de seios inchados e rosados, e não a amazona que eu sonhara ser.

Voltei a trabalhar, a fazer coisas, mas eu não estava nada bem. Aceitar minha nova configuração corporal foi um processo longo. Só conseguia pensar nisso. Era como se tivesse dois ferros de passar no lugar dos seios. Eu sentia as beiradas das próteses quase aparecendo sob as axilas, o que me dava a sensação de ter outra pessoa sob a minha pele. Continuei a visitar o cirurgião, ainda que com uma frequência mais esporádica. Ele, ao me trair, havia feito a sua parte, agora era a minha vez de aceitar aquela traição, tentar compreendê-la e, acima de tudo, entender o que estava por vir.

O MEDO DO MEDO

Lembro que, alguns meses depois, antes de um check-up, entrei numa loja de lingerie a fim de escolher dois conjuntos. Nunca fui fã de rendas, floreios, aros, meia-taça, calcinhas sexies. Preto e branco, esportivo e confortável eram a minha filosofia. Mas, naquele momento, ao me olhar no espelho do provador, atrás da cortina, percebi que havia escolhido dois modelos super femininos: florzinhas, transparências e poás. Ficaram lindos em mim, e quando a vendedora, como algumas costumam fazer, sem imaginar que poderiam ser inapropriadas, às vezes até rudes e desagradáveis, enfiou a cabeça dentro do provador para me perguntar como havia ficado, a minha reação me surpreendeu. Eu já não sentia vergonha dos meus seios. E se eu não sentia vergonha diante daquela moça desconhecida, talvez já não fosse sentir vergonha também diante de um homem.

Foi pelo olhar do médico em meu último check-up, quando ele me disse que podíamos nos ver dali a um ano, que senti, pela primeira vez depois de tanto tempo, talvez pela primeira vez na vida, orgulho de viver no corpo de uma mulher.

QUATRO

NA SALA DA PSICANALISTA

*Nestes dias vocês estão vislumbrando as coisas que
o espírito da profundeza escondia. Vocês não acreditavam,
mas teriam descoberto se tivessem interrogado o próprio medo.*
C. G. Jung, *Viagem infernal ao profundo*, em *O livro vermelho*

A outra parte do trabalho tinha como principal cenário uma outra sala.

A consulta acontecia geralmente às terças-feiras, às nove da manhã.

Nessa sala, durante 45 minutos eu esquecia do meu corpo. Ainda que ele estivesse no centro do discurso, onde de fato esteve por muito tempo.

Ali eu me sentia uma panela sem tampa, da qual observava sair, qual baforadas de vapor quente, sentimentos e emoções desagradáveis: raiva e violência, culpa e sede de vingança. E, acima de tudo, pesadelos.

Voltei, como sempre havia feito quando pequena e até determinado momento da minha vida, a viajar dentro de meus sonhos noturnos e deles emergir com alguns indícios.

Naquela sala, eu sabia que o corpo não era a questão, mas o sintoma. A primeira vez que encontrei aquela que se tornaria minha psicanalista foi em dezembro. Dezembro do ano anterior à cirurgia. A sensação que tive naquela primeira consulta, aquela em que decidi que sim, *ela era a pessoa certa*, se cristalizou numa imagem em que eu depositava minha bagagem no átrio de uma estação. Uma pesada mala marrom, com alças de couro, fechada por um grande zíper gasto. Não sabia o que havia dentro ou por que a arrastava, mas sabia que a partir daquele momento eu já não precisava carregá-la sozinha para onde quer que eu fosse. Eu podia descansar. E esperar que a mala fosse aberta e que eu enfim pudesse descobrir o que havia dentro dela.

Pela primeira vez alguém parecia falar a minha língua, usar o meu registro. Eu não precisava levantar a voz, discutir, brigar e lutar para ser ouvida e aceita. Não precisava agradar, e portanto mentir ou amenizar o que dizia e sentia — coisas que nunca me foram espontâneas, pelo contrário, que sempre haviam dificultado minha vida. Tudo o que vinha à tona naquela sala e me chegava aos lábios era legítimo, não me acossava, deixando-me irritante ou intolerável para o interlocutor. Ela, a mulher que eu tinha escolhido e que me acolhera, a psicanalista, estava a meu lado, não contra mim. Suas palavras não me ameaçavam, me libertavam. Começamos a construir uma rede que parecia capaz de me salvar. Era feita do mesmo material com que eu sempre construí minha vida: as palavras. A língua, a sintaxe. E finalmente tomava forma e era possível, com aquela matéria, estabelecer uma relação a partir da qual o sentimento de culpa e a raiva que eu sentia não se transformavam em explosão e destruição, mas em cola e fio de sutura.

O MEDO DO MEDO   49

Um cômodo pode ser apenas um cômodo: quatro paredes, um teto, ao menos uma porta, móveis, objetos, quadros. Uma função: cozinha, banheiro, quarto de dormir, sala de estar, escritório. Mas um cômodo pode ser também um mundo, e um estado da mente. A chamada «sala do analista» certamente corresponde a ambas definições.

Não lembro de muitos detalhes daquela sala, apesar de tê-la frequentado semanalmente por quase sete anos. Só me sentei numa cadeira na primeira vez, quando pude observar o que havia do outro lado daquela que se tornaria a minha visão do divã. Havia uma poltrona, estantes cheias de livros organizados, mas não com frieza, como fazem aqueles que nunca retiram os livros do lugar, depois que o leram. Não lembro em particular de nenhum enfeite.

Lembro dela, é claro, porque sempre que eu chegava (com antecedência, devo admitir, e por isso muitas vezes incomodando aquele ou aquela que saía antes de mim, uma vez que pacientes do mesmo analista não podem, não devem e nem mesmo gostam de se encontrar), ela me recebia com um sorriso. Com seus cabelos e olhar loiros e dourados. Um olhar a que, no decorrer do tempo, eu acrescentaria notas de tristeza relacionadas à sua vida, que me pareceu semelhante à minha, e da qual não se excluía o abandono, a solidão, o medo e a morte, embora seja o que imaginamos a respeito daqueles a quem pagamos para que se encarreguem de nossa neurose e desconforto existencial.

Eu me deitava no divã e olhava para fora da porta-balcão que dava para os terraços das casas vizinhas. Um mundo muito bonito e silencioso, impossível de vislumbrar das ruas no centro: os jardins secretos de Bolonha.

Eu tinha pressa em me deitar, em afastar meus olhos dos seus, em me entregar novamente à sensação de abandono que só me permitia experimentar ali. Todas as palavras que cinco minutos antes me perturbavam agora repousavam, quietas. Eu sentia como se minha boca estivesse dormente. Meu corpo relaxava, eu queria ficar em silêncio, dormir. Mas eu falava. Precisava falar, estava ali para isso. Não tinha nada a dizer, mas era precisamente desse nada que as coisas surgiam.

Não sei exatamente quando o quadro apareceu. Talvez sempre tenha estado lá, mas só tomei consciência dele depois de anos, e é estranho que aquela imagem tenha entrado permanentemente na minha *casa* mental, aquela em que me refugio quando alguma coisa me dá medo, ou quando as contendas da vida, as pancadas, parecem-me infundadas, injustas e acima de tudo insuportáveis.

Era uma pintura a óleo (nem disso tenho certeza, talvez fosse acrílico, talvez outra coisa, eu só sei que as cores eram suaves: bege, areia, rosa e cinza, com um toque preto, degradê, ou talvez esteja enganada), com medidas que poderiam ser de 50 x 70, ou na verdade não, as dimensões flutuam na minha mente e não consigo estabelecê-las com precisão. O que importa, o que fica, são as personagens do quadro: um homem, uma menina e um cachorro. O pai, a filha e o cachorro. Os seres mais amados por alguma mulher ausente, talvez? Mas por que ela estava ausente? E a mulher ausente era a mesma mulher que ficava às minhas costas, toda terça-feira de manhã, e da qual eu sentia o calor mas não podia ver as expressões? Não sei. Nunca saberei, mas a questão não era ela, era eu. O que a imagem me dizia? Ela falava da minha ausência, e não da proprietária do quadro ou da artista que o pintara. Para elas, era provável que o trio tivesse um outro valor e significado. Representava o amor, a preciosa passagem do tempo e os laços familiares, inclusive com os animais, que atravessam a vida conosco e permanecem ao nosso lado em sua maneira misteriosa de amar. Era eu a mulher que não estava lá. Eu era a mulher que não é nada, que não sabe e não quer decidir ser alguma coisa,

O MEDO DO MEDO

porque qualquer definição a aniquilaria. Era eu que tinha 35, 36, 37, 38, 39, quarenta anos e não sabia o que queria da vida.

Era eu que assistia de fora à vida dos outros, que percebia a verdade da própria existência estando atrás de uma porta fechada. Separada dos outros. Daqueles outros que, no entanto, conforme descobri naquela sala, eram o único modo de que eu dispunha para falar de mim. Por semelhança ou oposição. Não existe eu sem você. São feitos do mesmo material, são ambos a mesma coisa.

Muitas pessoas encontram consolo para os males da vida e acalmam a angústia com a religião. A fé, sem sombra de dúvida, é uma vantagem e tanto, uma âncora de salvação, um apoio. O Espírito Santo, Deus, Jesus, Nossa Senhora, toda aquela fileira de anjos e santos prontos para oferecer seu amor e seu conforto, desde que você reze com diligência e constância. Não é difícil se você se esforçar. Talvez baste fazê-lo e, mesmo sem fé, de tanto tentar ela chegará.

Há quem se beneficie de práticas de meditação e encontre respostas e recursos na espiritualidade; no que me diz respeito, o anseio por alguma coisa superior me impede de me definir ateia, no entanto nunca obtive verdadeira consolação em nenhuma forma de misticismo. Acredito que seja uma limitação, muitas vezes fiquei aborrecida e desejei receber o que os crentes chamam de o *dom da fé*. Mas nunca — pelo menos por ora — me aconteceu. Permaneci sempre no purgatório de um agnosticismo benevolente, que me faz ter certo fascínio pelos símbolos religiosos, as histórias das vidas dos santos, as palavras do Evangelho e os gestos de Buda, e que me desperta uma curiosidade vaga pelos textos sagrados de todas as religiões, mas uma curiosidade que nunca transcende o humano. Só encontrei consolação verdadeira na arte. Sobretudo na literatura e na música, mas também no cinema e na fotografia. A expressão de um sentimento ou emoção por meio de uma história sempre me ajudou a apaziguar a angústia. Por isso encontrei uma ótima ferramenta no trabalho com sonhos e na imaginação ativa. Adequado a mim, a meu temperamento e minha disposição mental.

Desde criança conhecemos de modo instintivo aquele estado de devaneio do qual emergem imagens, situações, atmosferas, revelações. Devanear é uma brincadeira séria, como a das crianças, e mostra que nosso inconsciente pode aprender a se curar sozinho. Como escreveu Gaston Bachelard, filósofo da ciência e epistemólogo, «O homem é um ser repleto de imaginação». E se fosse justamente a imaginação a faculdade que pode nos curar de todo o mal? É o reino da liberdade absoluta, que não nos pode ser roubado por ninguém, a não ser por nós mesmos, por medo de nos perdermos ou mania de controle.

Então, sonhar de olhos abertos e de olhos fechados foram e são a minha cura, minha homeopatia diária, meu exercício ginástico-espiritual.

Nos cadernos de sonhos de 2004 a 2010, período da minha transformação, há salas secretas, sem uso, cômodos que até então eu desconhecia. Existem altos e baixos, explosões, assassinatos, crianças mortas, escuridão, ruas molhadas de chuva que devem ser atravessadas correndo, enquanto os carros avançam em ambas as direções, quartos de hotel e mulheres suicidas, almofadas cheias de abelhas, acidentes de carro, homens maus e bruxas velhas, crianças que matam os pais, minha mãe e meu pai, pai e mãe, pai, mãe, e então redemoinhos, tornados, cataclismas naturais de todos os tipos, soldados que fogem na neve, lindos homens jovens, selvagens, seminus, de olhos azuis e cabelos compridos (o meu *animus* — que sorte! — é um rapaz bonito como um deus viking, pode ser doce ou cruel, frágil ou muito forte, de acordo com o período), meu corpo coberto de cortes abertos, não cicatrizados, sangue que escorre e jorra, vermelho vivo, por toda parte, um lago, mas

O MEDO DO MEDO 53

nenhuma dor e nenhum sentimento de pavor, só perplexidade.
E então ela, o sonho recorrente: a Aranha, meu talismã pessoal.
A personificação do meu medo. Na primeira vez que sonhei com ela, eu enfiava a mão esquerda dentro de uma abertura — de uma janela, de uma porta, não consigo lembrar. Minha mão ressurgia com uma aranha enorme em cima dela; a carapaça dura e brilhante de um besouro, mas era uma aranha, uma aranha que engolia a minha mão, avançava desde o dedo indicador e o médio, engolindo pele, tendões, articulações e ossos com sua boca invisível. Eu contemplava a minha mão adornada por essa joia viva monstruosa. A possibilidade de que minha mão desaparecesse para sempre dentro daquela boca voraz não me parecia tão remota. Uma aranha gigante de ônix tomaria seu lugar. Os olhos da Aranha, porque é claro que era fêmea, eram amarelos e cintilantes. Conscientes e impiedosos, desprovidos de sentimentos.

Eu nunca sofri de aracnofobia. Não que as aranhas me agradassem particularmente, considerando que sou alérgica e uma vez, quando pequena, fui parar no hospital em consequência de uma picada, mas nunca senti verdadeiro pavor delas. No entanto, foi exatamente a aranha que começou a aparecer nos meus sonhos como representação simbólica do medo que me invadia e que me fazia perder o controle da mente e do corpo.

O simbolismo da aranha existe desde o princípio dos tempos nas mais variadas culturas. Às vezes com um valor positivo (demiurgo, «artesão do mundo», «senhor do destino», ser divino, representação da alma, intermediário entre criatura e Criador), às vezes negativo (venenoso, nefasto, malvado, construtor de casas frágeis), e também como encarnação do horror paralisante. Suas oito patas, quando caminham pelo teto ou pela parede, projetam sombras monstruosas. A teia tecida com a baba aprisiona suas presas e não lhes permite escapar: a aranha pode observá-las à vontade enquanto se contorcem e se debatem e em vão procuram se libertar. A minha Aranha era preciosa. Um ser ao mesmo tempo repugnante e maravilhoso. Como o meu medo, que era ao mesmo tempo o abismo sobre o qual eu me equilibrava e a inteligência ativada no meu corpo pelas energias psíquicas que me impulsionavam a buscar respostas novas.

CINCO

E VOCÊ, TEM MEDO DE QUÊ?

A sensação de medo não é um simples adereço da emoção: o medo é o que dói — o real mais irredutível da história de cada indivíduo.

Joanna Bourke, *Fear: A Cultural History*

Aranhas, gafanhotos, vespas, abelhas, cobras, ratos, altura, lugares fechados, escuro, luzes neon, trens, cruzes, tubarões, mar, cortes, medo de números, do branco, do preto, do vermelho, do calor, do frio, de dentes, da loucura, do vento, da neve. Fenômenos atmosféricos, lugares físicos, animais, objetos, situações, emoções. Existem aproximadamente quinhentas fobias catalogadas, e a lista cresce cada vez mais. Parece que os seres humanos têm, potencialmente, medo de tudo e sentem a necessidade de classificar seus medos, dando-lhes um nome. Talvez seja uma tentativa de mantê-los sob controle. Mas, para citar o nome de um filme de Rainer Werner Fassbinder, «o medo devora a alma». Fobias são medos específicos, mas compartilham com o medo comum um traço que tem a ver com reações físicas, com o corpo. Alguma coisa que *faz mal*. Que altera as respostas corporais, a respiração, o batimento cardíaco, a transpiração. Calafrios, arrepios, vertigens, tontura, náuseas. Pensar demais, numa tentativa espasmódica de evitar as fobias e combatê-las, muitas vezes se volta contra nós e termina por fortalecê-las.

A temática do medo é enorme, infinita, atravessa os séculos, os milênios, remonta à raiz da vida humana no planeta. Mas nós somos obrigados a lidar com o aqui e agora, cada um por si e por todos os outros dos quais dependemos ou que dependem de nós. Os filhos, por exemplo. Como definir o medo? É uma emoção. Inata ao homem e aos animais, constitui um mecanismo de defesa extremamente útil. Se não tivéssemos medo de nada e de ninguém, não seríamos capazes de nos proteger das armadilhas, dos perigos e dos gestos imprudentes. Também é verdade que o medo pode se cristalizar internamente, a ponto de nos paralisar, de nos tornar imóveis e graníticos, incapazes de decidir, escolher, arriscar, ousar. O equilíbrio entre coragem e medo é um trabalho de ajuste constante que cada um de nós exercita diariamente. A partir do momento em que nascemos, em que o medo só pode se expressar por meio do choro: medo de que não cuidem de nós, de que não nos alimentem ou não nos mantenham vivos.

No tempo que passei com meu filho, de seu nascimento até hoje, ouvi a evolução do medo dele. Dos medos dele. Porque são muitos, e mudam, desaparecem de um dia para o outro, e ao mesmo tempo vão aumentando progressivamente à medida que ele cresce e tem consciência das coisas, das correlações entre eventos, e se transformam em angústias que têm a ver também com o mundo exterior, os desconhecidos, as questões existenciais, os grandes sistemas. Em casa, convivemos com bruxas, vampiros, ogros, lobisomens, gigantes, fantasmas, ladrões, assassinos, monstros que babam, o monstrinho no bolsinho e o homem do saco que

O MEDO DO MEDO 57

vem recolher as crianças más. Eles nos perseguem pela casa, se escondem nos armários, atrás das portas, nos quartos escuros, no depósito embaixo da escada onde vivem os gnomos, entre panelas e tampas, nas xícaras de chá viradas, no buraco negro da máquina de lavar, no sótão. Existem as corridas malucas de bolinhas de pelo negras, olhudas, exatamente como os espíritos da floresta no filme de animação *Meu amigo Totoro* do imenso Hayao Miyazaki. Claro, eles todos estão aí, quem está negando? Que mundo infantil seria aquele em que não houvesse monstros? É óbvio que conhecemos maneiras de afastá-los, é um exercício que fazemos todas as noites, e logo pela manhã bruxas, fantasmas, vampiros e ogros não existem mais.

No entanto, infelizmente o repertório de monstros não se esgota com os contos de fada ou com os bestiários, sabemos bem que a vida cotidiana pode ser marcada por monstros menos imaginários e mais perigosos. Manter as crianças longe dos horrores que a mídia derrama sobre nós é um exercício a que muitos se propõem: basta não ligar a tevê na hora do noticiário, filtrar o que se vê e o que se sente; uma criança privilegiada, protegida, que tem pais, avós, amigos, um jardim de infância, um quarto, um parquinho, as pequenas certezas que ajudam a crescer com confiança e autoestima. Mas essa operação-escudo pode não ser eficaz de modo contínuo e eterno; acontece de a nossa vigilância ceder (por distração, cansaço, acaso), e então irrompe o indescritível, perfurando os olhos e pensamentos da criança. Às vezes acontece e não há volta. Porque a mente da criança é uma esponja, absorve, retém e, principalmente, deseja respostas para as perguntas que, implacáveis, martelam seu cérebro durante as horas de vigília e talvez também durante as horas de sono. Por que a lua fica lá em cima no céu? Por que quando atiro uma pedra ela cai? Por que a massa cozinha na água? Por que a água ferve? Por que as unhas crescem? Por que morremos? Por que homens matam outros homens? Por que existem pessoas más? Elas virão até aqui? O terremoto está chegando? Muitos de nós se prepararam para ter uma resposta para tudo, outros não têm respostas e talvez não sejam capazes de procurar por elas, uma vez que estão sem tempo ou imaginação, e deixam as crianças abandonadas a um vazio repleto de desgosto e raiva, outros se debatem tentando a cada momento atribuir sentido até para o que não tem sentido e, se tiver, certamente estará fora da compreensão de uma criança. Dizer a verdade. Ser sincero, honesto: essas são boas, na verdade ótimas intenções, mas nem sempre constituem a fórmula correta para misturar a poção do Medo com as gotas de Coragem e o Pó Mágico da Catarse. Porque a receita certa não existe.

O mundo, como bem nos informa um ensaio da historiadora neozelandesa e naturalizada inglesa Joanna Bourke intitulado *Fear: A Cultural History* [Medo: Uma história cultural], sempre esteve preenchido pelo medo, e o século XX se revelou uma verdadeira mina de medos inteiramente novos que surgiam, cresciam e se ampliavam de mãos dadas com as invenções modernas, os progressos da ciência e sua difusão. Fantasmas, bicho-papão, lobos, e então o medo de ser enterrado vivo, medo da multidão, medo dos germes de doenças potencialmente fatais, trens, navios, aviões, bombardeios, atentados, a lista é interminável.

Nos últimos anos fomos forçados não a nos acostumar, isso seria impossível, mas a ter consciência de que atos terroristas podem acontecer praticamente em qualquer lugar, a qualquer hora, que não devem necessariamente ser espetaculares como foi o ataque às Torres Gêmeas em setembro de 2011 — um ponto de não retorno aquelas figurinhas pretas que pareciam marcas de lápis se atirando no vazio para escapar das chamas em um instinto invencível de sobrevivência. Você está sentado a uma mesa de restaurante ao ar livre e de repente alguém pode te esfaquear, uma

O MEDO DO MEDO

van pode se jogar no meio da multidão de um festival enquanto você passeia com seus netos e toma um sorvete, pode acontecer de você acompanhar suas filhas a um show da cantora preferida delas, e lá poderá explodir uma bomba cheia de pregos. Uma vez que não se pode deixar de sair, de andar na rua, pegar o transporte público, ir comer uma pizza de vez em quando ou beber um café, somos obrigados a conviver com o medo. Não me parece fortuito que a incidência de crises de ansiedade só aumente. Talvez seja preciso aceitar que não existe uma solução, mas sim gestos que eu chamaria de solidariedade, e mais, de amor. Lembro o que aconteceu em Paris durante os atentados terroristas espalhados em várias áreas da cidade no dia 13 de novembro de 2015, quando no Twitter surgiu e logo viralizou a hashtag #porteouverte (porta aberta), por meio da qual os moradores dos bairros afetados ofereciam abrigo a qualquer pessoa que estivesse na rua, apavorada e longe de casa.

Isso também se aplica àquele medo sem objeto que muitos experimentam em determinado momento da vida — em ataques de ansiedade e de pânico. Milhares de pessoas passam por isso, e muitas vezes não têm coragem de confessar: como provar aquilo que não se vê de fora, que não deixa nenhum traço que possa ser diagnosticado? Eletrocardiograma, tomografia computadorizada, ressonância magnética, exames de sangue: nenhum exame pode atestar um ataque de pânico. Frequentemente — sempre? — a pessoa é mandada de volta para casa com uma receita de benzodiazepínico e talvez o conselho de tentar uma terapia breve estratégica. Para muitos, esse tipo de terapia se revela útil e decisiva, mas pode acontecer de os sintomas se deslocarem. Eu sei que, para mim, o objetivo não era somente o vencer as crises de ansiedade, existia algo que precisava vir à tona. Acontecia uma transformação que me parecia assustadora, com a qual eu precisava lidar, indo e voltando no tempo, e em especial imaginando uma possibilidade nova para o meu estar no mundo. Se é verdade que permanecemos sempre quem somos e que há coisas sobre nós que não podemos mudar, é também verdade que, para sobreviver, todo organismo precisa saber se adaptar, e não é fácil se adaptar a condições de vida que mudam constantemente. Requer uma elasticidade que nem todo mundo tem.

Algumas das terapias para o tratamento dos distúrbios fóbicos enfatizam três modos de responder ao medo, mas infelizmente eles só enfatizam os distúrbios: esquiva de situações potencialmente ansiosas, excesso de tentativa de controle e pedido de ajuda. Se você pedir ajuda e sempre precisar de companhia para, por exemplo, dirigir ou ir às compras, e se encontrar alguém que se sacrifique por você e se torne a sua sombra, então você estará dando credibilidade à sensação interior de não ser capaz de resolver por si e, a longo prazo, em vez de melhorar a situação, fará com que ela se torne pior.

No que me diz respeito, de um certo ponto de vista foi o contrário.

Fui uma criança destemida no limite da autodestruição, ao ponto de ser apelidada O Pequeno Fenômeno: não tinha medo de quase nenhuma das atividades consideradas de risco para a saúde física ou mental.

Jamais gostei de pedir ajuda, de me sentir em dívida. Sempre tentei me virar sozinha mesmo nos momentos de dificuldade, e foi exatamente o período em que compreendi que a condição de suposta e exibida invulnerabilidade infligida a mim mesma era uma condenação, e não algo que me salvava, que me ensinou alguma coisa sobre mim. Aprender a pedir ajuda foi fundamental e, ainda mais que pedir ajuda a pessoas específicas para concluir tarefas específicas, foi fundamental entender que o mundo — o Outro — não era uma prisão de desinteresse, que onde quer que eu me encontrasse — em um supermercado, em um ônibus, um trem, diante de um público —, poderia olhar nos olhos de alguém

O MEDO DO MEDO

e revelar a minha fragilidade, admitir meu desconforto, e minha necessidade, deixar escorregar a armadura e me mostrar como eu era: vulnerável. Na pior das hipóteses, eu me machucaria de novo. E daí? Eu já estava machucada.

O livro *O fogo liberador*, escrito no final dos anos 1990 por Pierre Levy, um filósofo francês especialista em ciberespaço e comunicação digital, foi fundamental para mim. Em determinado momento, há uma frase que diz: «Renuncie a tudo: você não terá mais medo de nada». O que isso significa? Como se renuncia a tudo? Não é possível. No entanto, é possível renunciar ao controle. Renuncie a querer fazer, a querer ser, simplesmente faça, e seja, no momento presente. Só o presente existe, o resto são construções mentais, gaiolas que construímos para nós mesmos e armadilhas que acionamos sem nem ao menos nos darmos conta. Não conseguiu? Continue. Continue a renunciar. Continue a deixar para lá, cedo ou tarde alguma coisa vai acontecer, na verdade, alguma coisa vai cair, e talvez seja na queda que se liberta a essência de todo ser humano. Como escrevia Samuel Beckett: «Eu tentei. Eu fracassei. Tente de novo. Fracasse melhor». Eu sei, é mais fácil falar do que fazer, mas não encontrei alternativas. Quando minha ansiedade e meu medo atingem níveis de alerta, eu imagino o pior que pode vir a acontecer, eu visualizo, eu deixo que a imagem percorra minha mente, eu percebo o pior como real em cada célula. Todas as vezes alguma coisa em mim morre, mas depois que esse fluxo me atravessa, eu me reergo e recomeço a tentar.

Naquela viagem aos Estados Unidos em 2006, depois da descarga elétrica na linha M1 e do encontro com a enfermeira que me explicou como chegar em casa em meio a uma crise de ansiedade, ocorreram outros episódios. Certa vez meu amigo e eu estávamos no túnel Lincoln numa fila de automóveis; aquilo foi uma provação;

enquanto o pânico aumentava, meu amigo, dirigindo o carro que alugamos para ir primeiro a Chicago e depois ao Canadá, continuava a falar ininterruptamente, contando que justo um mês e meio antes o FBI tinha evitado um plano terrorista que faria um dos túneis subterrâneos de New York explodir. Não seria este aqui, o Lincoln?, ele ria sarcástico. Não gosto nem de túneis nem de Lincoln, gostei ainda menos naquele momento, mas o que eu poderia fazer? Descer do carro e correr até a saída? E para qual lado, para frente ou para trás? Deixei-me escorregar no banco e disse a mim mesma: ok, o túnel vai explodir, eu vou morrer. Imaginei o fogo, as brasas, as cinzas escuras, a sensação de sufocamento, as queimaduras, a dor, a angústia dilatada de ver a morte de outros enquanto eu mesma também morria. Puro horror. E então meu amigo começou a cantarolar, ou pelo menos assim eu lembro da sua voz que começa a bordar sobre as de Elis Regina e Tom Jobim em «Corcovado».

A certa altura, enquanto avançávamos lentamente, enfileirados no meio de centenas de carros pressionados uns contra os outros, no fundo do túnel me pareceu ter visto novamente o azul, ainda muito distante, daquela manhã de junho, e aos poucos saímos do túnel, e finalmente estávamos lá fora outra vez, na I80W, na longa jornada em direção a Chicago.

Alguns dias depois, passei mais de duas horas imóvel num cruzamento em Toronto. Eu estava assustadiça naquela manhã, em um estado de ansiedade indescritível. Já fazia dias que viajávamos de um estado a outro — Pensilvânia, Ohio, Michigan —, quilômetros e mais quilômetros de estrada, nomes de lugares, caminhões, saladas do McDonald's, hotéis diferentes e ao mesmo tempo iguais, e depois a fronteira com o Canadá, Ontario, as cataratas do Niágara, assustadoras. Talvez eu estivesse apenas cansada e o cansaço me tivesse levado a um ponto de ruptura. A prova do tempo infinito que passei plantada naquele cruzamento são os

O MEDO DO MEDO

Jpegs das fotos que tirei. O semáforo que muda de cor, as pessoas que param e depois avançam, a luz do sol que se transforma, se desloca. Pessoas sozinhas, em dupla, em grupos, pessoas que carregam coisas. Esperam. No rosto delas se vê de tudo: impaciência, raiva, tristeza, alegria, esperança, desespero. Eu continuava a fotografar, enquanto meu amigo almoçava sozinho em um restaurante. Eu respirava. Tirava fotos e respirava. Deixava fluir. Observava o rosto daquelas pessoas, as posturas, tentava imaginar a vida delas, seus sentimentos, eu via o tempo passar pelo rosto deles. Eram todas diferentes e no entanto iguais, cada destino diferente, cada história única e particular, e todas eram — éramos — a mesma coisa. Qualquer uma delas já havia sentido medo ou ainda sentiria, cada uma havia encontrado um modo de enfrentá-lo e vencê-lo, ou de simplesmente conviver com ele, que remédio, não havia outra alternativa, já que elas estavam ali e eu as estava fotografando enquanto atravessavam a rua para ir a algum lugar: trabalho, casa, ao encontro de um amigo, de um amante, ao hospital, ao cinema, à piscina, alguém viveria cem anos, alguém, quem sabe, morreria naquele mesmo dia. Havia um sujeito que empurrava um carrinho com uma dúzia de cadeiras de plástico empilhadas, ele tinha os cabelos despenteados pelo vento e o rosto suado. Eram para um bar, um terraço, uma festa entre amigos? Outro tinha o cabelo raspado na máquina zero, deixara só um topete loiro platinado e se vestia como um gondoleiro veneziano, olhava de modo frenético para frente, como que movido pela pressa, e tinha a ridícula expressão que assumimos quando gostaríamos — ou precisaríamos — que os outros percebessem nossa preocupação e ansiedade, só para trocar algumas palavras e amenizar um pouco a tensão, mas ninguém se importava com esse cara, talvez pelo modo como se vestia ou pela angústia que comunicava sem conseguir puxar conversa com ninguém. Duas garotinhas de repente começaram a rir uma para a outra, levantando os braços em direção ao céu e dizendo não sei que coisa surpreendente que só elas sabiam, e eu tirei uma foto de seus dedos flexíveis que se agitavam numa dança pelo ar. Enquanto isso, havia chegado uma mulher de legging que ficava coçando as costas e batendo o pé no chão. No iPod, tocava Ben Harper e, naquele momento, lembro muito bem, enquanto eu tirava as fotos no ritmo de «Better way» e gritava baixinho «*Reality is sharp. It cuts at me like a knife. Everyone I know is in the fight of their life. Take your face out of your hands and clear your eyes*», me perguntei, e eu? Sobreviveria àquele dia? A realidade era afiada e cortava como uma faca, e todos, todos, lutavam na vida, exatamente como a música dizia, e eu também me inclinava em direção à beirada, mas minha vontade era de pedra, caso contrário eu não teria entrado em um avião e ido até ali, do outro lado do mundo, só para me desafiar. Enquanto estivermos vivos, não podemos fazer nada além de nos desafiar. Assim mergulhei por completo no meu medo e deixei que ele me comandasse – afinal, o que poderia me acontecer? Qual era a pior coisa? Morrer? Bem, então eu morreria. E ainda assim eu não morria. O medo subia à cabeça, tomava posse do corpo, atingia seu ápice e então começava a diminuir e a fluir para fora. Às vezes recomeçava, um outro par de picos. Depois ia embora. Toda vez, exausta, eu me dava conta de que ainda estava viva. Conseguia sobreviver ao medo simplesmente me renunciando a controlá-lo. Assim aprendi a não renunciar, ou melhor, a fazer coisas que eu tinha outra vez vontade de fazer ou que devia fazer. E, se o medo se apresentasse, eu o acolheria, e contaria às pessoas ao redor o que estaria me acontecendo. Elas não entenderiam? Já não me importava. De qualquer maneira, eu me abandonaria ao medo, deixaria que fizesse o que desejasse. Cedo ou tarde ele se cansaria.

E assim as crises de pânico, um pouco por vez, desapareceram. A depressão se escondeu.

O MEDO DO MEDO

Eu tinha desejos, perspectivas, enxergava vias de fuga. Começava, de modo confuso, a desejar coisas diferentes daquelas que eu sempre acreditei querer. A porta permanecia aberta. Conhecia pessoas, fazia novos amigos, saía para o mundo, os outros já não me davam medo. Conseguia me arriscar a mudar. Eu já estava mudada.

SEIS

EU TINHA UM BEBÊ — 2012

Sagrado como o grito de uma criança.
Semelhante a uma aranha, eu teço
Espelhos fiéis à minha imagem...
Sylvia Plath, «Childless Woman», em *Winter Trees*

A questão, no entanto, é que o medo pode retornar a qualquer momento. Para a depressão, acredito eu, não existe remissão completa. Pode-se aprender a conviver com as flutuações de humor, entender que muito provavelmente os períodos de escuridão passam, aprender estratégias para se distrair e canalizar a energia para outro lugar, aprender a ter paciência. Mas sabe-se também que há alguma coisa dentro do próprio corpo. Alguma coisa dentro da cabeça. Alguma coisa que, a depender de como você a imagina, pode ser sólida e ter uma forma, ou, ao contrário, ser um vazio, um buraco. Um buraco no qual, de um instante para o outro, sem aviso prévio, você pode cair outra vez.

Não é possível passar a vida medindo em milímetros cada passo e cada gesto, então se deve tentar viver. Ir em frente. Às vezes você congela, com o terror na garganta, as pernas que não resistem. A Aranha está ali, agarrada às suas costas, a boca enganchada na sua medula. Ela te suga sem que você perceba. Ela se nutre de você, ela se alimenta de você, ela te massacra. E então alguma coisa, de dentro ou de fora, te impulsiona e você recomeça a se mover. Por meses, você esquece. Às vezes por anos. Aprende a ter equilíbrio, como patinar sobre o gelo ou andar em uma corda bamba a dezenas de metros de altura. São tantos os truques, podem funcionar para sempre ou por um curto período. As estratégias devem ser constantemente mantidas e monitoradas; se necessário, alteradas. Mas nada pode dar a certeza de que você não voltará a cair. Que a Coisa, o Outro em você, que no entanto é sempre você, não vai voltar.

Voltou para mim.

O buraco, o rasgo, a célula enlouquecida, o monstro babando, o lobo negro, a sombra sorrindo maligna atrás da porta, o bicho-papão escondido no mato lá embaixo no jardim, o fantasma que rasteja no chão do sótão.

Eu tinha um filho.

Durante nove meses ele havia estado dentro da minha barriga e agora havia saído dela e o meu corpo não se recuperava, e a minha cabeça queimava. Eu só queria dormir, mas o sono a que fui forçada era químico. A coisa mais dolorosa do mundo de suportar? Um dente com pulpite aguda. Assim eu me sentia, ainda que não fosse um dente o que me fizesse ratear.

O MEDO DO MEDO 69

A cada três horas o bebê precisava comer e, obviamente, chorava. Eu, ao contrário, queria estar vazia. Muda. Silenciosa. Queria parar de ouvir seu choro, suas exigências. Às vezes trancava a porta. Deixava-o aos cuidados do pai. As mamadeiras e o leite em pó foram inventados precisamente para corrigir as deficiências da natureza. A minha. Abençoo o leite em pó, os esterilizadores, as mamadeiras com bicos com controle do fluxo. Abençoo o Dostinex que bloqueia a produção de leite, dois comprimidos que uma enfermeira, com desprezo e um olhar judicativo, havia introduzido na minha boca imediatamente após o parto, enquanto eu virava os olhos para o outro lado e nenhum sentimento de culpa previsível me invadia, mas apenas um grande alívio, porque depois de todas aquelas horas de sofrimento meu corpo estava enfim de novo sozinho: esvaziado, cortado, costurado, desinfetado e esterilizado.

Eu tinha visto a criança sair de mim, instantes incrustados como lascas em minha memória, seu corpo contraído e rigorosamente azul engastado entre minhas pernas, no meu corte ainda — depois do bisturi, golpes com os cotovelos na barriga, depois da ventosa enfiada a seco — pequeno demais. Ele tinha os olhos fechados e parecia morto. Tire-o, eu gritava, acabe logo com isso.

Se tivessem me dito que eu poderia cultivar um bebê em um pedacinho de algodão, como se faz com feijão, e não na barriga, eu o teria feito desde o primeiro dia.

O primeiro instinto é o da sobrevivência.

A resistência ao que poderia te matar.

E uma criança pode te matar.

Dois anos haviam se passado.

Todas as manhãs, o grito que subia de sua garganta enquanto eu dormia dilacerava meus sonhos e me fazia esquecê-los. Ele me violentou e queria me possuir por inteiro. Eu era sua. O mundo todo era seu. A fome, a sede, o sono, a brincadeira.

Meu adeus diário à vida, sussurrado na ponta da língua e soprado com a fumaça do primeiro cigarro aceso do lado de fora da porta, ele preso à cadeirinha e gritando «mamã-nhee», batendo o copo plástico contra a borda da bandeja.

A corrente ao redor do meu pescoço.

Os grilhões presos a meus pés.

As cordas.

Mas também a tesoura à mão. A faca. O salto no vazio.

Não foi dessa forma.

É só imaginação.

Imaginação macabra.

Palavras.

Eu parei a tempo.

Mais uma vez, as palavras me salvaram.

Sempre que eu sentia que não conseguiria, deitava o bebê gritando no berço e ligava o aspirador de pó. O som acalmava a mim e a ele.

Ainda que a prisão na qual me encontrava naquele momento fosse real: eu morava na montanha, numa casa empoleirada no topo de uma colina com uma inclinação de noventa graus, meses e meses de gelo e neve, isolamento, solidão. Problemas financeiros, trabalho suspenso, incerteza sobre incerteza, de todos os pontos de vista. A memória daqueles dias foi apagada da minha mente. Não lembro quase nada, só que eu saí viva. Que nós saímos vivos.

Quando o bebê dormia, eu me sentava no chão e contemplava a minha prisão.

O MEDO DO MEDO

A prisão tinha barras azuis e brancas como o berço de um bebê. Um mundo de plástico transparente e animais multicoloridos. Macio, perfumado, hipoalergênico, antiácaro e antiasfixia. Eu sentava no meio daquela sala pequena com uma parede azul-acinzentado e tentava fazer um exercício de meditação que o cirurgião plástico me ensinara antes do procedimento. Visualizava a sala do lado de fora, visualizava a mim mesma ajoelhada no centro dela, em cima de um tapete de espuma de borracha colorido, com letras e números desenhados. Visualizando ainda mais de cima, a sala desaparecia, eu desaparecia, e agora enxergava a casa onde estávamos, a sala e eu. Uma pequena casa branca com as impostas vermelhas, situada no alto de um morro cercado por uma mata toda branca de neve. Eu me erguia ainda mais e, acima do nevoeiro, finalmente via a serra e o mar distante.

A casinha desaparecia: uma extensão de neblina, água e terra onde se escondiam casinhas idênticas a essa, ou quase. Em cada uma delas eu imaginava um cômodo com paredes cor-de-rosa ou azul, um trocador com a superfície acolchoada, uma cômoda cheia de macacões coloridos, babadores e pacotes de fraldas.

Pequenas bolhas de alegria e calor em um mundo sombrio e assustador.

Aqui está, pequenino, o que logo não haverá mais, então aproveite agora: chantilly, tutti-frutti, plástico transparente e versos alegres, cheiro de leite e pomada para assadura, shampoo antilágrimas e uma esponja natural e suave.

Por vocês, filhotes, aprendemos a criar mundos-bolhas perfeitos. Como bolas de vidro com neve dentro: todos diferentes e ao mesmo tempo todos iguais. Todos igualmente inverossímeis. Sabemos muito bem que as bolhas estouram, ainda que não queiramos contar a vocês.

Antes do bebê eu havia parado de pensar na morte. Agora estava de novo à beira do precipício, oscilando em um esporão de rocha estendido no nada, acima do qual tentávamos ambos sobreviver: o bebê com a obstinação da vida recém-nascida que exige existir, e eu com a força de vontade que, dia após dia, apesar do cansaço sobre-humano, no escuro, me incitava a fazer o que precisava ser feito. Nutrir, cuidar, lavar, aquecer, balançar, limpar, ouvir, levantar, levar de novo para baixo. Eu o desejei, depois de alguns meses de tentativa ele chegou sem esforço, eu o pari, ele era responsabilidade minha, eu tinha de conseguir a qualquer custo.

As palavras que escrevia num caderno me bastavam para expulsar o medo. Eu escrevia frases irrepetíveis, a raiva se condensava na página e me abandonava.

Ter um filho é ter medo.

Antes de dormir, eu me debruçava sobre seu carrinho para sentir sua respiração quente em minha pele – não conseguia deixar de fazer isso, era mais forte que eu. E sempre com medo de não reencontrar aquele hálito suave que cheirava a leite.

De repente, a vida dele me pareceu muito frágil e ameaçada. Esteve em perigo nos primeiros minutos de vida.

Esteve em perigo com poucas semanas, quando uma vespa o picou no pescoço, e nós precisamos correr de ambulância em direção a um pronto-socorro muito longe e lá passamos toda a noite. A raiva, nos momentos agitados em que esperávamos por socorro, me impediu de sentir dor, apenas um soco no meio do peito e a sensação de não poder mais voltar a respirar normalmente. A mesma sensação violenta de quando nosso vizinho bateu à porta para me dizer que a gata Rina estava morta.

Estava lavando os copos, nunca vou me esquecer. Nunca nos esquecemos da coisa idiota que fazíamos no momento em que recebemos a notícia de que morreu alguém que amamos. Havia sacos de lixo na frente da porta e por isso eu não conseguia abri-la. O olhar límpido e bom daquele homem partiu meu coração. Antes mesmo de ele falar, eu já havia entendido. Horas depois, com o bebê nos braços olhei meu companheiro pela janela. Ele cavava um buraco sob a nogueira. Eu não quis ver o corpo. Nunca vi o cadáver de nenhum dos meus gatos. Ainda assim, um ano antes havia atravessado a cidade a pé, em um dia de frio e chuva, para me despedir do meu amigo Andrej. Seu corpo gelado no necrotério da via Albertoni, composto como em vida, não aparentava ter sido daquele garoto desengonçado e sempre em movimento.

No passado, antes daquele verão de 2012, eu não gritava de medo ou de dor. Agora meus punhos batiam contra as paredes e as minhas unhas se enfiavam na carne viva.

Desde que o bebê havia nascido, eu não tinha paz nem quando dormia. Mal abria os olhos e era nele que eu pensava, e o primeiro pensamento era: ainda estará vivo? Talvez aconteça a todas as mães.

No entanto, não sei se também acontece a todas pensar: e eu, ainda estarei viva amanhã?

Antes, eu não sabia o que era um recém-nascido.

Ou melhor, era uma entidade abstrata que eu associava a um líquido branco chamado leite — mas que não era leite de verdade, uma vez que se tratava de uma mistura de pó e água esterilizada ou de um jato invisível que saía do peito da mãe —, às fraldas, aos macacões de *plush* cheios de botões, à agonia de um choro moderado e contínuo e a gorjeios que não me inspiravam nenhuma ternura. Se por acaso algum amigo pai de um recém-nascido me perguntasse se eu queria pegar no colo seu bebê, eu tentava tirar o corpo fora o máximo possível sem me tornar desagradável, depois me rendia àqueles poucos minutos de terror. O pacote disforme de trapos era depositado em meu colo, e meus braços se enrijeciam em uma tentativa de acolhimento que não me parecia nada simples, não como sempre ouvi que deveria ser. Por minutos, eu permanecia rígida e contraída, um traço de emoção imediatamente varrido pela vontade súbita de acender um cigarro, coçar o nariz, cruzar as pernas. Eu inalava aquele cheiro que misturava leite mal digerido, pomada Fissan, xixi e sabonete enquanto tentava não espernear, esperando que aqueles quinze minutos de praxe terminassem. Quando tiravam o bebê de cima de mim, sem nem me dar conta eu me via sacudindo a roupa para me ver livre de quaisquer resíduos, e quando finalmente a circulação de meus membros havia retornado, estava pronta para ir embora. A visita tinha se encerrado, meu dever fora cumprido: eu estava livre.

É mais difícil se liberar do próprio filho, é preciso se acostumar. Tive que me acostumar a meu filho.

Vou me sentir culpada por isso? Nunca mais pensarei nisso? Não sei. Só sei que o cheiro do corpo dele não me era familiar. Eu precisava aprender a reconhecê-lo a cada vez, me acostumar àquele corpo-outro-de-mim que adormecia ao meu lado e respirava sua respiração, sonhava seus sonhos, padecia de sua raiva. O esforço que eu fazia para cuidar dele era cem vezes maior que a alegria que eu experimentava em compartilhar suas descobertas. Sua voz era o chamado de um patrão e me atingia nos ombros como um cutelo. Mamãe. Mamãe. Havia passado um ano. Agora ele se agarrava na grade do berço com suas mãos gordinhas, jogava a chupeta no chão, o mais longe que conseguia, e choramingava com um lampejo de malícia nos olhos, e depois, quando se entediava, parava de brincar e me chamava. Peremptório, certo de que

O MEDO DO MEDO 75

conseguiria o que queria: a mim. Minha atenção exclusiva, meu tempo, meu corpo e meus pensamentos. Tudo. Pela primeira vez na vida me sentia velha. Ainda não tinha entendido que uma mãe, de certo modo, nunca é jovem. Nunca mais será jovem. Não será e também não voltaria a ser nem que abandonasse seu filho, porque ninguém poderá eliminar os sinais na carne e na alma, ainda que escondidos dos olhos curiosos de estranhos. Ninguém dará a ela a vagina intacta que tinha antes, sem as cicatrizes da episiotomia, sem os pontos decorrentes dos rasgos do parto, a barriga lisa, sem pregas ou estrias ou sem a marca indelével de uma cesariana. A criança precisa sair por algum lugar: ou se corta de um lado ou de outro, não tem outro jeito. E ninguém lhe devolverá o abençoado tempo de antes, quando a única pessoa pela qual ela era responsável era ela mesma. Um filho é o pensamento primário, a obrigação imprescindível, a corrente que te prende ao metro quadrado de solo em que ele dá seus primeiros passos, aprendendo a se libertar de você, mas sem a capacidade de fazê-lo no curto espaço de tempo que permitiria a você, mãe, retomar o fôlego.

Quando criança, eu sonhava ser dona de um tesouro escondido nas profundezas. Não era o conteúdo que me interessava, eu não dava a mínima para as pérolas, os dobrões, os anéis ou quaisquer tesouros que eventualmente pudessem estar guardados dentro dele. Era o baú em si que me interessava. Um cofre secreto, escondido, cuja localização exata só eu conheceria. Eu o imaginava coberto de algas e corais, descamado e roído por criaturas marinhas, pela correnteza e pelo tempo. Era o símbolo da independência, da capacidade de sobreviver na solidão, o lugar em que eu poderia conservar as coisas mais preciosas que sempre tiveram alguma coisa a ver com o tempo, mesmo quando eram objetos: uma pedra, uma pena, uma pinha, uma semente. Nunca imaginei que eu me encontraria trancada naquele baú.

Aceitava meu fardo sobre a Terra, não dispunha de tempo material para me ocupar de mim em cada detalhe: minhas mãos rachavam, as unhas quebravam, os pelos cresciam, a raiz dos cabelos embranquecia. Tudo estava subordinado à sobrevivência e ao bem-estar do bebê. Havíamos encontrado uma babá que nos ajudava três vezes por semana durante algumas horas. Para conseguir entrar na história que estava escrevendo, eu precisaria de muitas horas, mas eu não as tinha, escrevia nos momentos em que o bebê estava com o pai, protetores de cera para os ouvidos, lágrimas nos olhos. Precisava terminar aquele livro, minha vida estava em jogo. Em certos dias eu me retraía, desaparecia. Como some o vapor no vidro do banheiro. Eu me enxugava, evaporava. E no entanto estava plantada naquela colina nua. Dentro de uma casa que eu governava como um timoneiro governa seu barco em meio à tempestade. Eu não podia sair quando quisesse, mas apenas quando o mar permitisse.

O bebê era eu e eu era ele, e no entanto não éramos a mesma coisa.

Depois, em setembro de 2013, fui a Bruxelas para a estreia do espetáculo que um importante diretor de teatro flamengo havia produzido a partir do meu livro *Stanza 411* [Quarto 411].

Eu tinha comigo um pequeno caderno novo. Começa comigo, que observo uma outra mulher que escreve em um outro caderno.

Uma mulher que escreve em um caderno não tem filhos. Pelo menos não tem filhos pequenos. Uma mulher em um trem, que escreve em um caderno rosa e verde, pautado, com calma, numa caligrafia bonita, não tem filhos. Não tem filhos pequenos que a

O MEDO DO MEDO 77

esperam em casa. Uma mulher, em um trem, com uma caneta e um caderno pautado, cabelos curtos, toda a calma do mundo. Eu a observo, e a odeio. Ou talvez não seja ódio, e sim inveja, mas a inveja se assemelha ao ódio. Aquela mulher sentada ao meu lado nesse trem regional que desce das montanhas para a planície é a mulher que eu era antes. Por que estou pensando isso tudo? E a tranquilidade com que ela escreve? A concentração absoluta que eu já não consigo encontrar, sem interrupções, sobressaltos, sem ansiedade aparente, o rosto relaxado, as mãos que não vivem procurando o celular para conferir se há alguma ligação, alguma mensagem. Eu, desde que tenho um filho, não tenho mais à mão canetas e cadernos; desde que tenho um filho, não tenho mais tempo para tomar alguma nota, transcrever um sonho que tive durante a noite. No final do dia, no final de todos os dias, quando o bebê finalmente dorme, o peso nos meus ombros diminui, minha respiração fica mais lenta, meu corpo relaxa e meu cérebro se desliga. Antes, eu não tinha tempo para o caderno e a caneta, agora, o que eu não tenho são as palavras.

Enquanto estava em Bruxelas, sonhei com uma planta suculenta enorme, quase tão grande quanto uma pessoa. No meio dela, uma incrível e inesperada floração. Rosa e amarela, complexa e carnuda e túrgida. Eu a contemplava com surpresa e felicidade, em companhia de alguém que talvez fosse minha mãe. A planta era minha, eu devia estar orgulhosa, e de fato estava, mas ao mesmo tempo aquela planta obstruía um pequeno átrio para o qual se abria a única porta que conduzia para fora. Eu andava ao redor dela, mas ela era grande demais e cheia de espinhos. Era impossível sair dali.

Uma mesa num bistrô em uma cidade desconhecida, tempo para dedicar apenas a mim mesma, a sensação de não ser nada, de não ser esperada, desejada, de não significar nada para ninguém no mundo. Era essa a minha vida sem o bebê?

No avião, pensei uma coisa que, cinco meses antes, me teria parecido impensável: não posso, não quero morrer, porque preciso descobrir quem é ele, o bebê. Ele já era ele mesmo aos quinze meses, mas eu ainda não o conhecia o suficiente.

Eu estava jantando sozinha num lugar pequeno em frente ao *bed and breakfast* em que eu me hospedava: luzes quentes, cheio de garotas e garotos conversando em voz alta, cerveja, cheiro de fritura, ninguém falando a mesma língua, uma Babel onde as pessoas se entendem muito bem até nos gestos, na boca de todos um inglês bastardo. E pensei que havia demasiadas pessoas, demasiados lugares e coisas a serem feitas no mundo e, se eu era incapaz de ser feliz, ele talvez conseguisse.

Entrevi meu olhar em um espelho e percebi o quanto estava diferente de antes. Era o olhar das mulheres que têm filhos ainda pequenos, um olhar diferente de todos os outros. Dentro dele havia cansaço, orgulho, pena, calor, raiva e distância. Tudo misturado. Era um olhar inatingível, impermeável, o olhar de quem sabe o que significa ser comido vivo.

Quem não tem filhos só conhece o peso da própria existência, não sabe o que significa carregar igualmente todo o peso de uma outra criatura. Não importa se há irmãs e irmãos, mães ou pais idosos de quem é preciso cuidar. É diferente. Porque eles não passaram através de você para nascer, pode ser que sejam sua responsabilidade, é claro, mas você não os pariu. Em relação a um filho, nada muda caso você se esquive, se distraia – nem mesmo se o abandonar você poderá pôr esse fardo em algum outro lugar. Não é uma mala. Não é um pacote. É um órgão interno. Uma excrescência inextirpável. Faz parte de você. Ainda que vocês não sejam a mesma coisa. Saímos daquela casa nas montanhas e voltamos a viver na planície. O caminho para se tornar não digo «bons» pais, mas ao menos pais aceitáveis, é longo e cheio de armadilhas. Quase nunca se pode sentar em um banco para admirar a vista, deve-se avançar um dia após o outro, no entanto, ao longo do caminho às vezes ocorrem momentos, a mão do seu bebê na sua, o rosto dele concentrado na tentativa de expressar emoções ou conceitos para os quais ele ainda não encontra as palavras, que te parecem essenciais. Eu espero pelo momento em que o bebê encontre todas essas palavras e então possa, caso queira, dividi-las comigo.

Nas palavras, em determinado momento o bebê e eu nos encontramos: às vezes é maravilha, criatividade, inocência, noutras é luta, corpo a corpo, desafio, mas tenho certeza de que um dia será apenas dança. As palavras nunca me traíram, e elas ainda hão de me ajudar.

SETE

RETORNO — 2017

Sou o contorno do buraco
dentro do seu coração.
Soundgarden, *By Crooked Steps*

No caminho para o cemitério, hoje, peguei uma rua na qual nunca havia pisado antes e descobri um parquinho público que eu não sabia existir. Estávamos lá eu e um gato velho, gordo e surdo. Um daqueles eventos fortuitos que te fazem duvidar de tudo: do mundo, dos outros, de você. Por que, em quarenta anos, desde que moro aqui, ninguém nunca me disse vamos nos encontrar «lá»? Por que nunca peguei aquela rua? Se eu tivesse sabido da existência daquele parque, minha vida poderia ter sido diferente?

Por fim, não fui ao cemitério. A descoberta do parque foi tão deslumbrante que decidi ficar por ali. Andei por ele todo, para frente e para trás, esquecendo de contar quantas eram as plantas, os arbustos, as árvores. Muitas vezes me acontece ter a intenção de fazer algo, mas não fazê-lo. Eu sempre me arrependo. Sentei em um dos dois bancos, o rosto voltado para o sol que, hoje, pela primeira vez em meses, sugere a chegada da primavera. Atrás das lentes dos óculos escuros, tive de fechar as pálpebras, a luz era muito forte. Peguei o celular, verifiquei uma mensagem que estava escrevendo e que não havia enviado. Desliguei. Mantive os olhos fechados e me lembrei. Quando E. e eu namorávamos, os celulares não existiam, ou pelo menos não eram tão difundidos a ponto de nós, estudantes universitários sem grana, termos um. O Google Maps não existia, como tampouco havia conexão de internet em casa. Era um outro mundo. Um outro mundo em que os encontros eram marcados com uma semana de antecedência, ligávamos para a casa um do outro com a respiração suspensa, com vergonha de que nossos pais atendessem as ligações. Não consigo lembrar da frequência com que nos telefonávamos. Acho que muito pouco. Saímos durante quase quatro anos, quase todo final de semana, e com frequência também uma vez ou outra durante a semana: os telefonemas existiram, é claro. Em geral íamos ao cinema. Ou então procurávamos lugares isolados para ficar a sós. Ouvíamos Soundgarden e Nirvana no volume máximo, trancados no carro dele. Essa foi a trilha sonora daqueles anos. Sei que em algum lugar guardo uma caixa com nossas cartas. Pouquíssimas, as dele. Muitas, e quase sempre com pedidos de desculpas, as minhas. Também está lá um caderno de páginas laranja que eu havia intitulado «Caderno para você».

A irmã dele me entregou o conteúdo da caixa alguns anos depois de ele ter morrido.

Folheei todos os cadernos e diários de 1997 e 1998 e confirmei o que eu já sabia: uma dor forte demais se torna muda. Ou melhor, talvez grite por dentro de você, grite em sua garganta, mas não

O MEDO DO MEDO

consegue se transformar em um discurso articulado. É no máximo um balbucio, uma lalação. Às vezes, para conseguir falar de uma dor assim tão grande, para expressá-la, são necessários vinte anos.

É 2017, eu estou aqui.

A sua morte.

A sua morte aconteceu em setembro, alguns dias depois do seu aniversário de 27 anos, que era no dia 14.

Naquela manhã, eu estava bebendo café, um café longo americano como eu gostava então, diante de mim tinha uma cópia do jornal *Il Manifesto*, com a primeira resenha do meu primeiro romance que havia saído havia poucos dias, *Dei bambini non si sa niente* [Nada se sabe sobre as crianças]. A resenha trazia a assinatura de Rossana Rossanda, era uma página muito bonita. Digo que era uma «página» muito bonita porque eu nunca cheguei a ler aquela resenha.

Estava prestes a lê-la.

E então o telefone de casa tocou.

Minha mãe atendeu.

Ocorrera um acidente na noite da véspera, na via San Vitale. Um carro colidira com um caminhão e um rapaz havia morrido. Levou algumas horas, naquela manhã, para que se espalhasse pela cidade a identidade do rapaz.

A notícia corria pelos fios dos telefones normais que usávamos na época. Explodia nas casas de nossos amigos, uma corrente de pessoas que não acreditavam no que tinha acontecido.

Um rapaz confiável, tão bom, que estudava e trabalhava, nunca um deslize, nunca havia feito nada de ruim, o barato era no máximo uma cerveja e um trago de maconha antes de dormir. E naqueles malditos anos 1990, na nossa pequena cidade nos arredores de Bolonha, manter-se afastado da heroína era de fato heróico, para jogar com as assonâncias. Grande parte dos nossos amigos injetava ou cheirava. Alguns morreram, outros foram para a reabilitação e pararam, outros foram para a reabilitação e voltaram a usar. Muitos ainda são viciados que levam uma vida aparentemente «normal». A heroína pode ser discreta, se você não a usa nos banheiros das estações ou nos parques no frio do inverno, e sim no confortável sofá de casa.

No entanto, nós éramos certinhos, talvez tivéssemos medo, talvez procurássemos nosso barato em outras coisas, eu queria ser escritora, você, engenheiro. Éramos ambiciosos, tínhamos uma ideia da carreira e da vida que queríamos ter, e queríamos também nos tornar independentes de nossas famílias.

Um bom rapaz não colide contra um caminhão depois de uma noite com os amigos.

Ou talvez sim, talvez aconteça, já que aconteceu.

Além disso, você dirigia muito bem, uma direção suave e atenta que sempre me deixava segura quando íamos para algum lugar juntos.

Como pôde ter acontecido justamente com você?

Assim, eu também disse: não acredito.

Mas acreditava, porque sentia que era verdade.

Não li a resenha, não bebi o café.

Um buraco negro assustador me engoliu e não sei quanto durou minha retirada do mundo. Talvez ainda perdure. Depois de vinte anos.

Penso nisso sob o sol da tarde no parque fantasma, enquanto o gato gordo, velho e surdo está obviamente se lixando para os meus apelos e minha necessidade de contato e se afasta em direção a uma sebe sem nem se dignar a um olhar.

O MEDO DO MEDO

E no entanto eu ainda estou viva. Nesses quase vinte anos que me separam daquela manhã eu trabalhei, amei outras pessoas, escrevi livros, tive um filho, travei minhas batalhas, enfrentei situações difíceis, testemunhei o declínio físico pelo qual todos os terráqueos passam, tornei-me mais bonita e mais feia que antes, persegui quimeras, comecei amizades que depois não soube cultivar, tive desejos, urgências, necessidades, mudei de namorado, de casa, de cidade.

Sim, é verdade, fiz todas essas coisas, essas coisas fazem parte de mim e são quem eu sou, mas nenhuma delas me constituiu (talvez seja melhor dizer demoliu, mas não tenho certeza disso) como a sua morte.

Nas semanas sucessivas, deixei que um homem conhecido havia pouco se apegasse a mim, e eu a ele. Ficaríamos juntos por sete anos. Eu gostava muito dele, mas não foram anos felizes.

Quando eu estava com você, às vezes também saía com outros, e mesmo que eu não te dissesse, você suspeitava. Talvez me seguisse, não sei. Sei que nos últimos meses seu ciúme te deixou mais nervoso, acho que você estava cansado do nosso vai e volta que vinha de anos. Você queria algo mais. Também conversamos, vagamente, sobre a possibilidade de morar junto, mas sentíamos que não ganhávamos o bastante para sair da casa dos nossos pais, eu fazia algumas traduções, mas ainda não tinha uma renda regular. Faltava muito pouco para você se formar, e você só estava atrasado porque, além de estudar, também trabalhava. Você seria engenheiro químico. Às vezes dizia que gostaria de trabalhar nas plataformas de petróleo. Ao menos por um período. Nunca entendi nada de química, então não acompanhava seu raciocínio quando você tentava me explicar em que consistiria seu trabalho. Se você não tivesse morrido, nós provavelmente teríamos, em determinado momento, quem sabe, assumido pra valer, e nossas vidas teriam sido diferentes.

O tormento em relação a este «se» me acompanhou em cada história de amor que tive desde então. A comparação também. Nós nos conhecíamos desde a escola primária. Você sempre foi um garoto gentil, tinha lindos olhos escuros, um sorriso tímido e um corpo robusto. À tarde, na biblioteca, me dava as estrelinhas que ganhava nas aulas de inglês para que eu o ultrapassasse no ranking da escola, só porque gostava de me ver feliz. Eu não sabia que você gostava de mim, porque eu era estranha demais para que alguém gostasse de mim. Por outro lado, eu só me apaixonava pelos loiros e impossíveis, uns bostas, e você tinha cabelo castanho, e era tão gentil a ponto de me parecer um coitado. Na primeira vez que olhei para você de outro modo, estávamos no trem, prestes a descer na estação central da cidade, você vestia uma camiseta vermelha com a imagem de Che Guevara estampada, tinha os cabelos longos na altura dos ombros e a barba espessa. Um metro e noventa e cento e vinte quilos. Era idêntico a Jim Morrison em seus últimos anos. Alguns meses depois do nosso primeiro encontro, você entrou numa dieta. No limiar dos noventa quilos, você estava de fato muito bonito, e até minhas amigas e todas as outras que te consideravam um «gordinho» simpático passaram a te olhar com outros olhos. Você havia raspado os cabelos, cheirava a sabonete de Marselha e suas mãos estavam sempre perfeitamente cuidadas. Só uma vez te vi com o macacão azul que você usava para trabalhar na usina de açúcar. Você estava suado, e ficava se desculpando por isso, mas eu nunca tinha te visto tão bonito. Você tinha acabado de sair do trabalho, e não lembro se nos encontramos por acaso, pedi que você me levasse para tomar um café na cafeteria no meio do campo, onde a mobília e a luz e talvez também a poeira das garrafas eram as mesmas de cinquenta anos antes. Fazia sol, era um dia lindo de primavera. Seus batimentos cardíacos ficavam sempre acelerados quando nos encontrávamos, e de início você tinha dificuldade em falar por causa da timidez. Naquele dia, naquela

O MEDO DO MEDO

luz, naquele lugar, com aquele seu macacão azul e empoeirado, acho que percebi que te amava, ainda que nunca tivesse te dito, porque dizer eu te amo nunca foi meu estilo, porque tinha medo de me apegar, porque a vida aos 25 anos ainda não começou e as possibilidades parecem infinitas e demasiado empolgantes para que se escolha uma só. Minha arrogância vinha da certeza de seu sentimento por mim, disso eu não tinha nenhuma dúvida. Você me esperaria. Havia todo o tempo para a vida adulta. Assim eu acreditava, e na verdade não houve tempo nenhum. No dia 19 de setembro de 1997, aquele tempo terminou para mim, e outro começou, uma longa descida.

É como se essa descida tivesse passado por diferentes estágios: mundos que recebiam a luz do sol e nos quais se podia ficar por alguns dias, meses ou anos, construir uma casa, um sistema de água encanada, adaptar-se a certo tipo de vida e vivê-la. Em seguida, cedo ou tarde, chegava sempre o momento de cair fora, muitas vezes sem nem mesmo ter tempo de levar alguma coisa, pelo menos o essencial, uma calcinha, um livro, a recordação de um dia feliz, uma hora, e de novo para baixo, para baixo, para baixo. Até a próxima fase intermediária. Se eu tivesse aprendido a enxergar essa queda de outro modo, às vezes digo a mim mesma, tudo, então teria sido diferente: eu a transformaria, ao menos simbolicamente, numa ascensão. Mas ainda assim eu teria sentido medo, porque sofro de vertigem e não teria resolvido o que é, para mim, um nó górdio.

O nó é esta coisa que eu nunca disse a ninguém. Poucos dias antes do acidente, eu te liguei para desejar feliz aniversário. Eu ligava da casa de outra pessoa, mas você não sabia. Um amigo em comum, do qual você sentia muito ciúme, te disse que havíamos saído, eu e ele, uma noite. Era verdade. Uma volta de moto. Uma coisa de nada que você interpretou mal e se ofendeu. Alguém fez questão de me chamar a atenção para a cena do acidente, mostrando que você teria escolhido, teria batido de propósito. Se foi verdade, eu nunca soube. Jamais saberei. Esta tarde levei meu filho ao cemitério. Havia aquela bela luz do crespúsculo no verão. Mostrei a ele os túmulos em que repousam os restos mortais dos meus amigos. Um por um. Disse os nomes. Fomos até você, e o pai dele o levantou nos braços para que ele pudesse ver a foto lá em cima, na última fileira à sombra, onde o seu corpo descansa desde 1997.

Eu te cumprimentei, E., enquanto estava com a nossa música na cabeça, aquela do Soundgarden, a voz de Chris Cornell. Queria te dizer que ontem, dia 18 de maio de 2017, ele morreu.

Para a nossa geração, nos anos 1990, ele foi um companheiro de viagem, como e talvez até mais que Kurt Cobain. Era a voz da nossa juventude inconformada e ao mesmo tempo apática, a representação da nossa estética e da recusa de um certo tipo de mundo adulto. Você gravou as fitas dos discos do Soundgarden para mim. Não saíam do carro, ficaram ali por anos, até serem desmagnetizadas e distorcidas, e não foram substituídas pelos CD's originais, também presentes seus. As músicas do Soundgarden foram a trilha sonora do meu primeiro romance e do meu segundo livro, o de contos. Eu as deixava no volume máximo enquanto dirigia pelas estradas do campo, das quais eu conhecia de cor cada curva, lombada, desvio e até mesmo as rachaduras do asfalto. Brudio-Granarolo-Bolonha, ida e volta. Quando eu ainda dirigia e não sentia medo de morrer, quando tudo me parecia ao alcance da mão, tudo possível, tudo futuro. A raiva era uma das manifestações da juventude: ficar com raiva, ser jovem, ser melancólico e desafiar a morte eram as mesmas coisas, era uma raiva vital também em suas áreas obscuras, em seu próprio vazio. *The Day I Tried to Live, Fell on Black Days, Rusty Cage*. Palavras gritadas para fora da janela primeiro de um Panda vermelho sem ar-condicionado, e depois de um Y10, sempre vermelho, no vazio

O MEDO DO MEDO

do campo às duas da tarde, sob o sol de agosto. Eu não pensava minimamente na morte, pensava em viver, e as grades das quais eu queria me libertar eram as da família, como todos os jovens que se preparam para alçar vôo.

Suicídio por enforcamento, decreta o documento oficial emitido pelo legista de Detroit, cidade na qual, terminado o show do Soundgarden, Cornell foi encontrado morto em seu quarto de hotel, número 1136.

Essa morte ressoa em mim com seu dobre fúnebre. Ressoa porque eu também considerei o mesmo gesto. A mesma modalidade. Porque sei o que significam a agonia e o sentimento de culpa prévio quando se tem filhos, e a única saída mental é se convencer de que sem sua dor de viver, os outros, todos os outros, vão se sentir melhor, ainda que não seja verdade. A morte de Cornell ressoa em mim porque me parece sancionar a evidência de que, diante de uma doença mental como a depressão, não se está nunca seguro para sempre. A única coisa que se pode fazer é viver um dia após o outro, procurando cultivar a alegria, mas com a consciência do quanto a mente humana é frágil, do quanto todo equilíbrio está em constante ajuste. Não há uma resposta, só existem perguntas e também a atenção dos outros, que às vezes pode nos salvar. Às vezes não, o que também não é culpa de ninguém.

Ressoa porque não há um final feliz, o que gostamos de encontrar pelo menos na vida dos outros, porque nos tranquiliza em relação a nós mesmos: você contornou o abismo, mas sobreviveu. Com o tempo, as coisas com certeza têm que se estabilizar.

Obviamente, nada é suficiente para conter a atração pelo abismo.

O milagre e a sorte não têm nenhum poder sobre a depressão.

A beleza, o talento e os dons da vida não a poupam.

Acontece de sermos sobreviventes por um determinado prazo.

E ninguém tem culpa disso.

Onde está o rapaz que canta sem camisa, de bermuda preta e bota, cabelos até a cintura, na *Jesus Christ Pose* — beleza de tirar o fôlego, voz potente, raiva jovem? Nas fotos dos últimos anos, ele se tornou um homem, continua muito bonito, mas a raiva diminuiu, transformando-se numa espécie de melancolia resignada. Talvez eu esteja errada, e só vemos isso depois que o irreparável aconteceu, quando então se procuram os sinais premonitórios.

Na minha carteira ainda carrego duas fotos que L., minha amiga-irmã, tirou de mim em uma de nossas incursões vespertinas pelo campo. Estamos no interior da Villa Romantica para fotografar os afrescos secretos que em alguns anos ninguém mais verá, soterrados pela vegetação que hoje cresceu de maneira incontrolável. Troncos, ramos, erva daninha, um emaranhado intransponível. Gosto de acreditar que fomos as últimas a entrar lá. Nas fotos, o uniforme comum daqueles anos: regata preta, minissaia e coturno. A versão feminina do jovem Cornell. Os cabelos escuros cortados em tigela. Desesperadamente jovem. Nada aconteceu ainda. Claro, atrás de mim está a infância e, como escreveu Flannery O'Connor, quem quer que tenha sobrevivido à própria infância tem histórias para contar pelo resto da vida. Mas ainda não sei nada sobre a morte, o sentimento de culpa, a perda definitiva.

Aquela tarde meu marido estava ao meu lado, e a mão do meu filho estava na minha.

Queria que você soubesse, E., que o passado e o presente não se anulam, mas coexistem.

Você é o contorno do buraco
Dentro do meu coração.

OITO

PEQUENO JARDIM EM VENEZA

Se eu ainda sonho em transformar o mundo em um jardim feliz, não é tanto porque gosto dos homens, mas porque gosto dos jardins.

Romain Gary

Desde que eu era menina, quase sempre morei em casas com jardim. E quando elas não tinham um, eu ficava doente de tristeza. Sempre senti que precisava estar perto da terra, ou da água, de qualquer modo, ao nível do solo. Não amo os andares altos, a sensação de claustrofobia que me dá não ter uma dimensão interno-externo, exatamente como os gatos domésticos, cujo passatempo preferido é, quando podem e não estão confinados a um apartamento, entrar e sair de casa: uma paradinha sob uma sebe, um cochilo no sofá, uma corrida entre os canteiros de flores, uma aposta até a tigela da ração, num ir e vir incessante e ritual que cria fios misteriosos entre o interior e o exterior, a proteção e a aventura. A necessidade de uma fuga possível, ainda que só imaginária, passar pela porta e sair, e depois talvez voltar imediatamente, mas ter a possibilidade de fazê-lo sem precisar planejar: você pega as chaves, o casaco, fecha a porta, desce as escadas. Um jardim inacessível é a maior das frustrações. Você pode vê-lo, ou talvez, o que é pior, pode apenas vislumbrá-lo, pode cheirá-lo, pressenti-lo, imaginá-lo, mas não pode, seguindo seus impulsos, andar em meio a suas árvores, na grama, não pode se deitar no prado e observar o céu através dos galhos, plantar bulbos cavando a terra com as unhas, sentir o cheiro de fungos e mofo que vem do solo solto.

Durante anos, seis para ser exata, morei no jardim dos sonhos. Era — e é — um jardim à italiana, projetado por um arquiteto de jardins em meados do século XIX, para uma vila preexistente e que remonta ao século anterior. Por décadas, o parque fazia fronteira com um bosque que, em determinado momento, segundo os planos de construção do município em que se encontra, foi demolido, e o terreno desapropriado para que construíssem lotes de casas geminadas. Muitos passarinhos foram enterrados lá: presas dos meus quatro gatos. Lá também foi enterrado um desses gatos, a Grigiulla. Uma gatinha azul russo, que não tinha defeito nenhum: rebelde com graça, simpática e astuta. Morreu na estradinha de terra que percorre o parque, enquanto eu estava de férias. Não se sabe se foi atropelada, mordida por uma cobra ou picada por um inseto. Ela adorava o parque, mas, diferentemente dos outros três gatos, que se mantinham nas sebes e se satisfaziam com os hectares disponíveis, com as árvores e as caniçadas, Grigiulla sempre ladeava a estrada, atraída pela vala e seus habitantes: musaranhos, sapos e não sei o que mais. Morreu no lugar de que mais gostava. Como muitas vezes acontece, o que mais nos atrai pode ser perigoso.

Às vezes — quase sempre, para ser sincera — sinto uma espécie de urgência em voltar àquele local que, durante anos depois

O MEDO DO MEDO 93

de eu ir embora, se manteve como uma obsessão até em meus sonhos. Um retorno impossível, uma vez que as condições, na minha vida, mudaram radicalmente, e se eu voltasse para aquele jardim, não como hóspede mas como moradora (algo que por vezes eu descubro desejar mais que qualquer outra coisa), provavelmente não ficaria bem. Ou talvez sim, e eu só me digo que não para me consolar dessa impossibilidade.

O jardim ainda tinha outra característica, que foi certamente a que me fez escolher a casa: do outro lado da estrada vicinal, a poucos passos de distância, a dois minutos de caminhada, fica o cemitério da Pieve, onde, atrás de uma lápide, no último compartimento inferior à esquerda, estão guardados os restos de E.

Marguerite Duras, em seu livro *Escrever*, diz que «estamos sozinhos em uma casa, nunca no jardim». Para mim também é assim: na solidão mais profunda, a casa pode te engolir, o jardim não, o jardim no máximo te abarca. No jardim estão as plantas, e se não os animais — cães, gatos, esquilos, lagartos —, de todo modo estarão os insetos, formas de vida que te impedem de ouvir o silêncio ensurdecedor da solidão absoluta, onde a única coisa a produzir ruído (na ausência de vizinhos indisciplinados, aquecedores e refrigeradores barulhentos ou do tráfego externo) é seu próprio corpo. Gorgolejar interno, batimentos cardíacos, todas aquelas coisas que, durante um ataque de ansiedade e de pânico, conspiram para te enlouquecer e talvez, ao menos é o que se pensa no momento, para te matar.

Acredito que aquele jardim tenha me salvado. Mesmo no pior período, aquele ano que passei numa solidão quase absoluta, o jardim estava ali. Do lado de fora da porta-balcão da entrada, do lado de fora de todas as janelas brancas daquela casa que parecia um barco. Eu via a sebe de bambu, os lírios em flor, as tílias, escutava o som do cortador de grama de Primo, o zelador idoso que mantinha a grama aparada à perfeição, dia após dia, estação após estação, ano após ano, ouvia o estrondo da água nos canos de irrigação, seguia os gatos em seus passeios cautelosos, em suas corridas felizes, voltava para buscá-los ao entardecer, sacudindo uma caixa de ração, e eles vinham atrás de mim como crianças que seguem o flautista de Hamelin. Nas brumas da manhã, eu me sentava à sombra do gazebo que ficava cercado de rosas no verão, e gélido e despido no inverno. Para além da rede aramada que dava para a estrada vicinal 3, eu observava os caminhões e as paredes vermelhas do cemitério.

O jardim me manteve viva. Com as pinhas para acender a lareira, os galhos caídos, a fonte com a mulher de pedra que mudava o semblante de acordo com a estação. Nunca pensei, quando pensava na morte, em suicídio, que poderia cometê-lo no jardim. Eu nunca profanaria a beleza daquele lugar. E, além disso, repito, o jardim não queria que eu morresse. A casa me queria morta, o jardim me mantinha viva. Por isso, ainda hoje, sempre que a depressão se levanta e procura um caminho para irromper e assim tomar posse de cada célula do meu corpo, eu me forço a sair, a caminhar em um parque público, o mais próximo ou o mais distante, a depender do clima e da intensidade do desespero, me forço a procurar por um canto verde, ainda que seja o verde pálido do inverno, para descansar o olhar, tocar a grama, sair de mim e da armadilha que eu mesma sou para mim mesma. Nunca mais poderia viver na cidade.

Fiz isso durante quatro anos, vivendo no centro de Bolonha, sufocada pelas arcadas e a fumaça dos escapamentos, e mesmo ali, presa em um condomínio, eu sentia que a casa queria me matar. Ela era escura, longa e estreita, e eu definitivamente precisava sair dela. Mas, se eu saía, era ainda pior, porque havia as arcadas, intestinos sombrios e vermelhos que certamente protegem da chuva e do sol, mas que também esmagam e impõem o escuro e

O MEDO DO MEDO 95

uma vista sempre limitada, pequena, hostil, e ainda havia a estrada, e o barulho dos ônibus e a agitação das pessoas que iam e vinham. Por isso eu virava à esquerda, em direção às avenidas marginais, e me dirigia aos jardins Margherita. Os mesmos jardins que com dezesseis, dezessete, dezoito anos frequentávamos na primavera, logo depois da escola, ou quando matávamos aula. No entanto, mesmo naqueles dias, eu mal via a hora de pegar o trem ou o ônibus e ir para casa, à minha pequena cidade, e esperava, atrás da janela empoeirada, que a cidade terminasse e que recomeçassem os campos, o trecho plano da planície, o céu largo, a alternância de áreas rurais abandonadas e campos cultivados.

Lá, nos jardins Margherita, tudo era arranjado e organizado de acordo com uma lógica precisa que não deixava espaço para o acaso e o caos da verdadeira natureza. Eu sentia como se estivesse dentro de uma bolha no meio do concreto. Olhava para o lago artificial com patos, tomava um capuccino, fazia uma caminhadinha e voltava a casa para trabalhar. Obviamente, aquele fragmento de vida natural não me bastava. Uma vez dentro de casa, eu já estava outra vez no escuro, aprisionada. Eu tinha uma varanda que tentei transformar em um jardim suspenso, mas ao redor havia paredes e janelas e pessoas se aproximando e me olhando e me perseguindo com suas presenças constantes e eu não me sentia livre. Para mim não é possível ser livre onde não se pode abrir a porta e se deparar com um jardim ou a natureza.

E, no entanto, se o jardim, os jardins, salvaram minha vida, não salvaram a de muitas pessoas que decidiram se matar ao ar livre, em um lugar natural: falésias, desertos, mar, rios, matas. Como Aokigahara, a «floresta dos suicídios», no Japão, também conhecida como Mar das Árvores, no sopé do monte Fuji, que dizem ser habitada por demônios malignos, e onde a cada ano mais de cem pessoas desaparecem. Um lugar de silêncio perturbador, onde parece que as bússolas, por um efeito eletromagnético devido aos depósitos de ferro na área, enlouquecem. Ao longo do caminho que leva à floresta amaldiçoada, foram espalhadas dezenas de cartazes que tentam dissuadir o suicídio: «A sua vida é um presente precioso de seus pais. Pense neles e no restante da sua família. Você não precisa sofrer sozinho». O diretor Gus Van Sant dirigiu seu filme menos bem-sucedido, voltando ao tema do suicídio que inspirou o seu muito bonito e angustiante *Last Days* [2005], em que reescrevia os últimos dias de Kurt Cobain até o fatal tiro de espingarda que pôs fim à sua vida em 5 de abril de 1994. Em *O Mar de Árvores* [2015], Matthew McConaughey, no papel de Arthur, matemático cético e com um sentimento de culpa terrível, compra uma passagem só de ida para o Japão com a intenção de se suicidar na floresta, mas o encontro com um japonês idoso e ferido muda os seus planos. A floresta engolirá ambos, ou decidirá deixá-los livres?

O lugar mais bonito que eu consigo imaginar é um jardim em Veneza. Um jardim com vista para a água: deve ser o paraíso na Terra. Assim também pensava o escritor inglês Frederic Eden (o sobrenome é verdadeiro!), que justamente em Veneza, na ilha Giudecca, no final do século XIX, comprou alguns terrenos lamacentos, arrancados da laguna, para projetar sobre eles um jardim. Ele havia chegado a Veneza alguns anos antes, estava doente e o aconselharam a mudar de clima, mas toda aquela água o deixava enjoado, ele sentia que também precisava de áreas verdes ao redor e, como o verde não existia, em 1884 ele arregaçou as mangas, abriu a carteira, já que podia se permitir pagar, e criou ele mesmo o verde. Com sua mulher, Caroline Jekyll. A casa e o jardim pertencem hoje à Fundação Hundertwasser, e não é possível visitá-los. O último proprietário — depois de Frederic Eden, Aspasia Manos e sua filha Alexandra — foi o artista austríaco Friedensreich Hundertwasser, pintor, escultor, arquiteto e precursor

O MEDO DO MEDO

da bioarquitetura. Atrás do muro de tijolos vermelhos, pode-se apenas imaginar o jardim. As persianas das janelas estão abertas, então alguém deve morar lá. Acho uma lástima existir um jardim maravilhoso do qual ninguém pode tirar proveito, me parece um desperdício insuportável, talvez por isso eu procure jardins públicos, também aqui, na Giudecca, ao lado da ilha com vista para a laguna e que é uma extensão de hortas, incluindo a do IRE (Istituto di Ricovero ed Educazione). Uma residência de noventa leitos para idosos que não são autossuficientes, um centro diurno para Alzheimer para vinte pessoas e um *punto di ascolto*.[2] Uma horta sinérgica foi criada no jardim.

Marquei de ir visitar um amigo escritor veneziano, mas acabou não dando certo. A pessoa que tinha as chaves para abrir a casa dele teve um imprevisto com o barco e os nossos horários e compromissos não coincidiram com os dela, então tivemos de nos contentar em ficar do lado de fora. Fumei um cigarro debaixo de uma árvore, em frente à laguna, em silêncio. R. e eu estávamos perdidos em nossos pensamentos. Naquela manhã havíamos andado oito quilômetros. Basicamente o passeio pelas oito ilhotas que compõem a Giudecca. R. tem um amigo que mora na residência do IRE. Está lá há muitos anos. Não reconhece mais ninguém, e nenhum de seus velhos amigos fala abertamente sobre sua internação. Como se estar doente fosse uma culpa ou alguma coisa de que se envergonhar. Como se todas as doenças pudessem ser ditas, contadas, discutidas, exceto as que têm a ver com o cérebro.

2   Os *punti di ascolto* são um serviço oferecido pelo município, de encaminhamento dos consulentes para diferentes profissionais da saúde. [N. E.]

Em determinado momento, R. parou de visitá-lo. As visitas lhe faziam mal, pareciam não ter mais sentido. Contei a ele sobre o jardim, eu estava obcecada naquele momento e não conseguia parar de pensar nisso: «Vai que seu amigo nota o jardim, vai que ele se alegra em passar o tempo lá». «Mas ele não sai mais.» «Quem sabe, então, se ele apenas observar o jardim pela janela. Um lugar tão bonito e não se dar conta dele: as árvores, as rosas, a horta e a laguna que se abre, lá no fundo. Que pena.» E, enquanto apagava o cigarro e guardava a bituca no bolso, entendi qual era, para mim, a conexão entre os jardins e a depressão. Essa doença que obscurece a vista e embota os sentidos, que te impede de desfrutar da beleza que existe e da qual você ainda poderia tirar proveito. Você não tem culpa, e não há esforço que se possa fazer que te obrigue a sentir uma emoção positiva, a levar um feixe de luz àquela sala escura em que se transformou a sua mente. Quando se afunda, não há pontos de apoio. Uma porta que se fecha sozinha, te tranca dentro, e que você já não tem força para empurrar e então sair para o jardim.

É uma coincidência que precisamente neste momento, quando tento encerrar um breve depoimento sobre um período que me forçou a lidar com a morte, com a perda e com a transformação, eu tenha sido convidada a ir a Veneza e me hospedar exatamente aqui, na Giudecca. Algumas histórias me perseguem, são elas que me escolhem, mesmo quando penso em outra coisa, ou talvez o processo seja inverso e eu simplesmente deixe que as histórias, certas histórias, venham até mim. Junto da história do jardim de Frederic Eden, chega também a de Constance Feminore Woolson, escritora norte-americana, grande, e íntima, amiga de Henry James. O escritor norte-americano frequentava esse jardim, onde ambientou *Os papéis de Aspern* (assim como o fez Gabriele D'Annunzio nas cenas finais de *O fogo*, em que Stelio e a célebre atriz Foscarina, inspirada em Eleonora Duse, se amam

O MEDO DO MEDO 99

pela última vez). Constance tinha 54 anos quando, em 24 de janeiro de 1894, se suicidou ao se jogar pela janela do terceiro andar do edifício Orio Semitecolo, que havia alugado sete meses antes. Era um apartamento com uma linda vista para o Grande Canal, mas muito frio no inverno, quando a luz do sol não o mantinha aquecido durante todo o dia. No fundo, havia um pequeno quintal. Parece-me tão estranha a escolha de, estando em Veneza, morrer se jogando contra o solo, e não na laguna. Por outro lado, a água não oferece certezas, a colisão contra o pavimento sim. Constance deixou escrito que seria Henry James o responsável por cuidar de seus pertences pessoais, afundando-os na laguna. E assim foi: três meses depois, em abril de 1894, ele chegou a Veneza para realizar os últimos desejos da amiga, e foi visto em uma gôndola na laguna com muitas roupas refinadas, bastante castigadas, sóbrias e todas escuras, que no entanto se recusavam a afundar e continuavam a voltar à superfície, apesar das estocadas do remo, como gigantescas águas-vivas negras. A amizade deles havia durado quatorze anos, desde o momento em que ela o havia procurado, perseguido e, enfim, conhecido pessoalmente. Inclusive, por um período de seis semanas, desde dezembro de 1886, os dois viveram juntos em uma casa alugada — na vila Brichieri — nos arredores de Florença, na colina de Bellosguardo. Talvez Constance tenha se apaixonado, de alguma maneira, por Henry James. Pela Itália, onde decidiu morar, certamente. Em Veneza, suas condições de saúde pioraram – seu braço direito sempre doía quando ela escrevia, estava ficando surda, usava láudano para dormir e sofria de resfriados recorrentes. Jogou-se mesmo daquela janela ou caiu? Não há uma resposta definitiva. Henry James logo afirmou que ambas as possibilidades podiam ser verdadeiras. Mais tarde, porém, definiu o suicídio da amiga como «um ato de loucura indubitável». A vida de Constance foi difícil, ela perdeu muitos entes queridos e no final ficou completamente sozinha. Ela queria escrever, queria viajar e queria ser livre, três coisas que naquela época não eram fáceis para uma mulher solteira sem grande herança. Sustentou-se com seu trabalho, com seus direitos autorais e vendendo contos para revistas, mas sem dúvida sua vida não foi uma vida de abundância. A solidão, em alguns períodos, e em especial no último, foi pesada de suportar. Feitas algumas contas rápidas, aos 54 anos pode ser que ela já não tivesse vontade de lutar para sobreviver. Ao contrário de Henry James, eu não considero a escolha de Constance «um ato de loucura», e sim uma escolha planejada. A famosa porta fechada e trancada pelo lado de fora que ela já não queria continuar a empurrar na tentativa de abrir. Ela simplesmente se virou e optou pela janela do lado oposto do cômodo.

Em 22 de janeiro de 2017, um domingo, um rapaz desce na estação Santa Lucia de um trem que vinha de Milão. Seu nome é Pateh Sabally, ele tem 22 anos e veio da Gâmbia. Chegou à Itália há dois anos, em 2015; desembarcou em Pozzallo, na província de Ragusa, na Sicília, e obteve uma autorização de residência por motivos humanitários que, aparentemente, foi revogada. Ele tem um primo que mora em Milão. Mas naquela tarde de inverno, quando uma geada caiu no norte da Itália, ele está sozinho, ninguém sabe seu nome ou sua história. O rapaz leva consigo uma mochila, que abandona nos degraus da estação da cidade mais bonita do planeta. Anda até o canal e se joga na água sob o olhar atônito dos presentes, dezenas e dezenas de pessoas. O que acontece nos instantes sucessivos viaja pelo mundo por meio de imagens tomadas em tempo real pelos telefones celulares. Nas gravações, ouvem-se incitações, gritos e risadas. Alguém grita «África!», outro diz «Veja só o idiota que quer morrer!».

Perplexidade por parte da opinião pública. Muitos se perguntam por que ninguém mergulhou para tentar salvar o rapaz. Racismo, leviandade? Por outro lado, tentar ajudar alguém que se

O MEDO DO MEDO 101

afoga não é simples e, muitas vezes, sem a preparação adequada, corre-se o risco de pôr em perigo inclusive a própria vida, sem que se consiga salvar ninguém. Além disso, faz muito frio e se resiste muito pouco à água gelada. Os marinheiros do *vaporetto* ao lado do qual o rapaz se jogou na água lhe lançam salva-vidas, mas ele não levanta as mãos para agarrá-los, ao contrário, deixa a cabeça deslizar para debaixo da água. Esse é o momento em que todos se dão conta de que não se trata de uma pegadinha ou de uma brincadeira: um homem está tentando morrer. Quando seu corpo desaparece haviam se passado poucos minutos. Ele só será recuperado três dias depois, em 25 de janeiro.

Por que Veneza? Nunca se saberá. Talvez ele também tenha sido vítima daquela que um estudo da Universidade de Pádua definiu como síndrome de Veneza. Uma cidade que atrai os aspirantes ao suicídio por sua beleza romântica, seu mistério, seu langor. Não por acaso o romance de Thomas Mann, e depois o inesquecível filme de Luchino Visconti, *Morte em Veneza*, são ambientados aqui: no Lido, para ser mais precisa. No calor e no ar abafado de verão que conferem ainda mais mistério à laguna.

Luigi Pirandello também escreveu uma novela, *Il viaggio* [A viagem], em que a protagonista, uma jovem viúva doente — Adriana Braggi — decide partir, depois de treze anos de reclusão em casa, aos 35 anos; vai primeiro a Palermo e, depois de percorrer vários pontos do país, chega a Veneza, onde se matará com um veneno. A morte de Adriana Braggi, uma doente terminal, é doce, mas a amargura diante de um suicídio, ainda que o de uma personagem literária, de alguma forma sempre permanece.

É impossível decifrar o que exatamente se passa na cabeça de uma pessoa que decide se suicidar e que concretiza esse propósito. Os motivos que impulsionam alguém ao suicídio são tão numerosos quanto as pessoas que o cometem. Suicídios podem ser ditados por circunstâncias bem precisas, «externas», por assim dizer, que são vistas como inafrontáveis e sem saída: questões econômicas ou legais, dívidas, dores de amor, um luto, uma doença que já não adianta combater ou contra a qual já não se tem energia ou vontade de lutar, ou mesmo uma angústia devoradora e um sentimento de inutilidade existencial. Em comum, a percepção de ter chegado ao limite extremo. Naquela beira do abismo em que você se sente forçado a se jogar a partir do momento em que já não pode voltar atrás, lá, naquele lugar que é seu passado e onde você está em uma forma que, ao se virar, você enxerga embaçada e inconsistente, ou mesmo deformada pelo sofrimento. Lá, naquele lugar de onde você veio e onde nunca, nunca mesmo gostaria de se encontrar, e nem mesmo para frente você quer ir, para além do abismo, para um futuro que já não te interessa e que já não te diz respeito.

Há quem interprete o suicídio como um ato implacável de acusação aos outros, esses outros que não te compreenderam, que não te apoiaram, que não te estenderam a mão da qual você precisava para não se afogar, aos outros para quem a sua morte evidenciará o fracasso como pais e mães, irmãs e irmãos, filhos, amigos, companheiros e amantes, empregadores, chefes, autoridades que te atormentaram etc. Não sei se acredito nisso, porque quando eu estive a ponto de pular todos os outros desapareceram: eu estava lá, sozinha, e tudo o que eu queria, tudo o que eu tentava era ser algo que queria ter um fim.

A lista de artistas — escritores, cantores, músicos, pintores — que se suicidaram é infinita, como se o trabalho artístico fosse contíguo à fragilidade mental e expusesse a um risco depressivo muito alto, ou vice-versa, em uma versão ainda mais romântica,

O MEDO DO MEDO

é como se a fragilidade mental e emocional os tornasse mais sensíveis e propensos à expressão artística.

Mas não são só os artistas que se suicidam, acontece a qualquer pessoa e em qualquer idade, acontece em qualquer grupo ou classe social, acontece também, infelizmente, às crianças, e os motivos desse gesto são sempre muito diferentes e insondáveis vistos de fora; não se pode julgar, pode-se apenas reconhecer que existem momentos na vida de certas pessoas em que o cérebro se rende a uma sombra percebida como insuportável. Ninguém consegue dizer nada que não seja parcial, supérfluo, e muitas vezes de uma ferocidade inútil.

Eu estou sempre do lado de quem decide sozinho, estou do lado de quem sente ter perdido, jamais me permitiria uma frase estúpida como: «Poderia ter sido evitado». Porque, afinal, nunca se sabe o que pode ser evitado, ninguém sabe.

Antes de começar o evento com Vikram Seth em Veneza, no festival Incroci di Civiltà para o qual me convidaram, estávamos sentados um ao lado do outro e, depois de nos apresentarem, ele logo me perguntou: «Quanto tempo leva entre um livro e outro?», evidentemente uma de suas obsessões. Vi que, enquanto isso, ele marcava com o dedo uma página de um livro fininho, a qual trazia um poema cujo título era, é, «Small Garden in Venice». E como, em certos casos, tudo é um sinal, perguntei-lhe a respeito do jardim e lhe disse que naquela mesma manhã eu tinha ido a um e que estava escrevendo algo que tinha a ver com jardins e suicídios, e ele me perguntou: «What comes first?», que coisa vem antes? E eu respondi: «The second one», a segunda. Mas logo pensei, num estalo, se não fosse a primeira coisa, que na verdade é a segunda, não estaríamos aqui falando sobre isso. Você quer se matar, e então vem um jardim — um gato, um cachorro, um amor, um amante, uma pessoa qualquer — que te obriga a, digamos, mudar de ideia. Acontece.

Em geral há uma garrafa de água e um copo plástico sobre a mesa dos palestrantes nas conferências e nos encontros com o público, mas cada vez menos há um copo de vidro. Um por pessoa. Naquela tarde, porém, havia uma garrafa de vinho tinto, já aberta mas intacta; foi disposta em cima da mesa no centro do palco. Havia outras duas mesas, cheia de livros e manuscritos. Uma espécie de microcenografia para um ritual que aconteceria ali, naquele palco, mas do qual eu nada sabia no momento em que perguntei a Vikram Seth por que aquela garrafa inusitada estava ali. «Você vai ver», ele me respondeu, e eu tive um pressentimento. Quando ele se sentou, depois dos aplausos iniciais, serviu bebida para si e para o mediador. Água em dois copos, vinho em outros dois, e imediatamente começaram a beber. O mediador tomou meio copo, e então começou com as perguntas. A conversa decolou. Seth continuou a beber. E a falar. E a se transformar progressivamente, enquanto falava e bebia vinho tinto, que alternava com grandes copos de água. As expressões de seu rosto se alteravam, seus gestos se acentuavam, depois de repente ele desacelerava, mudava a voz. Em determinado momento, derrubou um dos copos, e a água caiu nos livros. E ele disse ao mediador: «Agora vou mostrar como se instaura uma desordem». Ele tirou o paletó, pendurou-o no encosto da cadeira, e logo depois o paletó caiu. Uma pilha de pano, pequena, já que Seth é um homem muito pequeno e muito magro. E falou de seu pai, sapateiro, de sua relação com os sapatos — confortáveis, acabados, porque ele gosta de andar e está pouco se lixando para o modo como está vestido. «Tirem uma foto minha», disse, «agora, com os sapatos pretos brilhantes e o terno, assim posso mostrar ao meu pai — 93 anos, está ainda em Delhi, nesse horário geralmente bebemos uma gin tônica juntos — que quando preciso sei também ser elegante.» Falou sobre Delhi, sobre

O MEDO DO MEDO

Londres, do cachorro Carlos que ressuscitou sete vezes, do pintor Carpaccio, de Bosch, de Schubert e de Bach, de Dostoiévski, e depois passou aos pássaros e aos dinossauros, à poesia, à métrica dos sonetos, aos seus aposentos e ao seu gato, que está em Londres e se chama Vodka. «Imagine você, imaginem vocês, sair de casa e começar a gritar Vodka!!! Vodka!!! O que você quer primeiro, quer beber ou quer o gato?» E enquanto ele ficava bêbado, eu me dava conta de estar assistindo à encenação do abismo que habita esse extraordinário homenzinho indiano — que, em vez de se tornar, como deveria, um economista, se tornou um escritor. Um escritor que há sete anos enfrenta uma crise criativa. Fazia-se de palhaço, mas também voava altíssimo, um bufão trágico e genial, e as pessoas riam, riam e riam, porque enquanto você não morre diante delas, as pessoas preferem rir e pensar que você só está brincando. Eu, por outro lado, queria fugir, mas estava hipnotizada e pregada ali na minha cadeira na primeira fila, porque queria ver como terminaria e queria estar ali, no jogo de automassacre que ele apresentava ali na minha frente, em frente a todo aquele público. Era um pedido de ajuda? A admissão pública de algo que todos fingem não perceber?

O «medo», eu disse a ele no início da nossa conversa. Sim, os jardins, sim, o suicídio, mas estou me referindo ao medo. Talvez também fosse medo o que ele estava nos mostrando naquele palco e que talvez outros também tenham sentido, uma lâmina contra a pele, gelada, mas longe da vista e que logo desaparece e é levada para trás. Além das cortinas.

Eu me perguntava, enquanto voltava de *vaporetto* para o hotel, o que está em jogo quando escrevemos. E depois, quando procuramos um público que nos leia. Acredito que esperamos sempre por uma espécie de absolvição. Oferecer a nós mesmos uma saída de nós mesmos e, do lado de fora, nos perdoar, enquanto os outros, por sua vez, também nos perdoam, dizendo: o que você escreveu é bonito, me comoveu.

Decidi escrever este relato de um período difícil da minha vida e de um desconforto existencial que me pertence, e que provavelmente em muitos graus me pertencerá para sempre, porque precisava me perdoar, e ao mesmo tempo precisava oferecer a possibilidade a outros que tenham vivido, ou que vivem algo parecido, não necessariamente de se identificar, mas de pelo menos enxergar um reflexo de si mesmos nas minhas palavras. Cada história humana é diferente, cada história de ansiedade, medo e depressão é diferente, não existe um caminho único. Esta foi — esta é — a minha. Não é paradigmática, não é extrema, se constitui de pequenos eventos. E no entanto toda pequena vida, com seus eventos mínimos, tem algo a dizer a outras vidas; toda vicissitude humana pertence, de algum modo, a toda e qualquer pessoa que dela deseje compartilhar.

NOVE

TODOS PSIQUIATRAS DE TODOS

As almas são bolhas frágeis, iridescentes,
transparentes, que se refletem umas nas outras e cujo
espaço, compartilhado por todas, é a verdadeira identidade.

Pierre Lévy, *O fogo liberador*

Os antigos gregos, e mais tarde os latinos, a chamavam de *melancholia*: bílis negra ou atrabílis. O termo foi cunhado pelo médico grego Hipócrates no século IV a. C. e se referia a um dos quatro humores corporais que seriam a base do organismo humano, e cujo desequilíbrio interno provocava a doença: bile negra, fleuma, bile amarela e sangue. O tema da melancolia tem sido tratado por muitos escritores, filósofos e artistas e, muitas vezes, esse estado de tristeza desesperada foi associado ao tema da loucura criativa.

O poeta Petrarca, no século XIV, no tratado *Secretum*, imagina um diálogo com Santo Agostinho a respeito dessa terrível doença da alma que o aflige e o aproxima da acídia, um dos pecados capitais. Para chegar ao termo «depressão», precisamos avançar até o início do século xx, quando o psiquiatra suíço Adolf Meyer, nos EUA, funda a psiquiatria dinâmica e começa a considerar a ideia de que esse «estado afetivo» tenha não apenas uma origem biológica, mas também uma relação muito próxima com as experiências e as condições de vida de quem o desenvolve. O escritor Giuseppe Berto a definiu como «o mal obscuro»; Ferdinando Camon como «a doença chamada homem»; Cesare Pavese como «o mal de viver»; para Virginia Woolf era uma «onda»; o escritor norte-americano Andrew Solomon, retomando a definição usada pelos monges do deserto, a chama «o demônio do meio-dia»; William Styron escolhe o oximoro «uma escuridão transparente»; o escritor e ilustrador norte-americano Matthew Johnstone a personifica em um grande cachorro preto.

O fato é que a depressão (em suas várias formas e suas muitas variantes) é um estado da mente, da alma e do corpo que atravessa a história da humanidade e que não dá sinais de que desaparecerá ou arrefecerá, pelo contrário. «A depressão», escreve a Organização Mundial da Saúde em outubro de 2016, «atinge pessoas de todas as idades, de todas as classes sociais e de todos os países. Ela ocasiona angústia mental e prejudica a capacidade de realizar até mesmo as mais simples atividades diárias, às vezes com consequências devastadoras nos relacionamentos com a família e os amigos, e no trabalho. Na pior das hipóteses, a depressão pode levar ao suicídio, hoje a segunda causa de morte entre quinze e 29 anos». Estima-se que, na Itália, 12,5% da população sofra de depressão: 7,5 milhões de pessoas (segundo a Sociedade Italiana de Psiquiatria). No mundo, seriam 322 milhões. Nos últimos dez anos, houve um aumento global de transtornos psiquiátricos de 18,4%. Apenas metade das pessoas afetadas (e só nos países relativamente abastados) tem acesso a algum tipo de tratamento. Qual é a surpresa? Não são os ricos que choram, mas os pobres:

O MEDO DO MEDO

a maior parte dos que sofrem de transtornos psiquiátricos e depressão pertence a grupos sociais mais vulneráveis.

Se doze anos atrás eu tivesse ido parar em um centro de saúde mental (CSM) em consequência de meus constantes pensamentos suicidas, é bem provável que antes de mais nada me prescrevessem antidepressivos. Enfatizo o *bem provável* porque não há como ter certeza. Nem todos os psiquiatras são iguais, não existe um procedimento padrão e uma interpretação unívoca de sintomas e demandas. Passados dez anos, e depois de ter escrito um romance que gira em torno do desconforto psicológico e psiquiátrico, posso afirmar com conhecimento de causa ter descoberto que esse tema, tão forte, importante e difundido a nível estatístico, está completamente, ou quase, fora do debate político. E no entanto ainda são lançados livros, filmes, artigos e depoimentos, e no entanto se forma uma pequena vaga de pessoas que deseja falar de si e do sofrimento psicológico vivido por elas mesmas ou por parentes e amigos, e do abuso psiquiátrico às vezes — muitas vezes? — perpetrado sobre eles.

Muitas são as histórias sem final feliz, histórias de jamais-fim-dor, ou seja, de psicofármacos para a vida toda porque, uma vez que se começa, é difícil parar. E frequentemente, diante de sintomas de abstinência, vem a tentação de desistir e recomeçar. Poucos sabem, é uma coisa da qual não se fala.

A camisa de força se tornou o que agora se define como «a camisa de força química»: neurolépticos e antidepressivos.

É difícil que expliquem com a devida firmeza quão perigosos podem ser, por exemplo, os tão comuns benzodiazepínicos – nem sempre se avisa que devem ser usados por algumas semanas e então gradualmente interrompidos. Ninguém fala dos efeitos colaterais, de tolerância, do efeito rebote em casos de uma interrupção demasiado rápida que faz ressurgir os sintomas iniciais, mas ainda piores do que antes. Os clínicos gerais prescrevem sem pestanejar. Os farmacêuticos, a seu critério, podem fornecer mais frascos ou embalagens sem receita médica. Em 2016, na Itália, foram vendidas mais de 1,1 bilhão de unidades padrão de antidepressivos, atingindo uma despesa total superior a 262 milhões de euros. Parece que estamos rodeados de segredos tóxicos. Não são apenas a heroína, a cocaína, as duas coisas juntas, ou o *speedball*, não são apenas o haxixe e a maconha, os cigarros, o vinho, os destilados. Velhinhas comportadas, aposentados respeitáveis, adolescentes, mulheres e homens de todos os tipos se empanturram de benzodiazepínicos e antidepressivos e se sentem bem com a própria consciência porque, afinal, os medicamentos não são ilegais e quem os prescreveu, quando não foi o psiquiatra, foi pelo menos o clínico geral, sem contar que o farmacêutico nunca hesitou em entregar as três caixas permitidas por prescrição. Tranquilizantes não têm cheiro e não podem ser vistos, de modo que se pode consumi-los confortavelmente sem que ninguém perceba e insinue que você é um viciado em drogas ou um bêbado. Em silêncio e na invisibilidade, entorpece-se na penumbra de um lavabo, enquanto as gotas caem embaixo da língua para que façam efeito mais rápido, sem sequer deixar no copo o mais vago vestígio do aroma adocicado das balas químicas.

Tenho a sensação de que, para encerrar o ciclo, preciso fazer hoje o que não fiz naquela época, quando estava tão mal a ponto de querer morrer. A verdade é que quero me pôr à prova, me testar, ver como me sinto ao me aproximar daqueles lugares onde poderia ter pedido ajuda. Chego ao Centro de Saúde Mental da via Zanolini 2, em Bolonha, por volta da hora do almoço, sem marcar consulta, no primeiro dia de outono. Faz sol. Ao longo da rampa que leva à entrada, uma mulher com o rosto inchado e o passo cambaleante sai com um copo plástico na mão, dentro do qual tenho a impressão de enxergar alguns comprimidos. Atrás dela,

O MEDO DO MEDO

uma outra, mais velha, com um maço de receitas debaixo do braço. No térreo, onde fica o departamento de Neuropsiquiatria Infantil e Desenvolvimento Infantil, eu paro para ler um folheto na porta, então me viro e resisto à tentação de empurrar a porta porque não, ainda não consigo entrar. Subo as escadas e, diante de mim, vejo duas mulheres que conversam e que, pelo modo como falam, entendo que trabalham ali, então tomo coragem: «Bom dia, com licença, queria entender como funciona o centro». Ou seja, se eu estou mal, posso pedir ajuda a vocês? Sorriso cauteloso: «Depende do município em que você tem residência...». «Não é aqui». Pronto, é chegada a hora — assim eu havia imaginado — de simular um ataque de pânico e ver o que acontece, como me atendem, qual é o processo. Mas não sou boa em mentir, não sou boa atriz, nem mesmo repórter. Abro o jogo. A coordenadora da unidade de assistência — descobrirei sua posição logo em seguida — me conduz a seu escritório: uma sala na penumbra, uma mesa, algumas prateleiras. Ela me analisa, tentando entender o que eu estou procurando, e, enquanto mantém um tom de voz firme e gentil, me diz: «Então, se a senhora tivesse um ataque de pânico agora, nós a levaríamos a uma sala à parte, e antes de mais nada um enfermeiro lhe daria um calmante».

Na cidade de Bolonha, os centros de saúde mental são cinco; outros seis estão espalhados por todo o território da província, e precisamente a área que é atendida pelo CSM Zanolini é considerada uma das de maior risco: região universitária, alta taxa de alunos e imigrantes, desconforto urbano por toda parte. A pobreza e os laços sociais instáveis aumentam os fatores de risco, assim como o abuso de substâncias. Uma coisa está ligada à outra.

Na área de Bolonha, os CSM acompanham cerca de 18 mil pessoas. Em cada um há um médico, um assistente social, um pedagogo, dois ou mais enfermeiros e um psicólogo. A triagem é

112 SIMONA VINCI

feita pelo endereço de residência. Nessa área, Zanolini, os bairros de referência são San Vitale e San Donat; depois o Pilastro, a área universitária e piazza Verdi. Há um uso massivo de substâncias, e entre os adolescentes o desconforto começa muito precocemente. Depois, existem os SPDC, sigla para Servizio Psichiatrico di Diagnosi e Cura [Serviço Psiquiátrico de Diagnóstico e Tratamento]. Em Bolonha, são três: um em San Giovanni in Persiceto, e outros dois nos hospitais Sant'Orsola-Malpighi e Ospedale Maggiore. Cada SPDC tem quinze leitos. Nas enfermarias, são internados tanto os pacientes que chegam por vontade própria quanto os que são enviados por meio do Tratamento Sanitário Obrigatório, o TSO. A média, na área de Bolonha, é de 130, 150 TSOs por ano.

Apenas no San Giovanni in Persiceto não se faz a contenção, isto é, os pacientes não são imobilizados nas camas com faixas e proteções, o que acontece nos outros dois hospitais.

Também descobri recentemente que o eletrochoque — hoje definido, de maneira mais científica, elegante e suave, como ECT ou TEC, Eletroconvulsoterapia ou Terapia Eletroconvulsiva — continua a ser praticado. Sem cenas dignas de filmes de terror, com dentes rachados e ossos quebrados: é praticado sob anestesia geral, com proteção para ossos e dentes, mas sem nenhuma garantia de validade além dos efeitos colaterais, como distúrbios de memória e amnésias. Ninguém sabe exatamente como o eletrochoque funciona, sabe-se apenas que, em alguns casos, funciona.

Alguns dias depois, consigo um horário com o chefe do CSM Zanolini e a diretora do Departamento de Saúde Mental de Bolonha. É a primeira vez que entro no hospital Roncati pela lateral. O complexo do antigo hospital psiquiátrico Francesco Roncati — antes, o Manicômio Municipal — é enorme, uma cidadezinha dentro das muralhas da cidade, entre a porta Saragozza e a de

O MEDO DO MEDO 113

Sant'Isaia. Originalmente um edifício monástico que remonta ao século XIII — o Mosteiro de San Giovanni Batista —, foi reformado para receber os pacientes psiquiátricos do hospital Sant'Orsola entre 1868 e 1905. Funcionou entre 1867 e 1980. Trinta e três mil metros quadrados de área total, 12 mil de área construída. Hoje, de um lado está a sede da Azienda Sanitaria Locale, ASL, e do outro o escritório da midiateca Minguzzi. É no escritório que me esperam a diretora do Departamento de Saúde Mental e Dependências Patológicas da ASL de Bolonha e responsável pelo projeto Arte e Saúde Mental, e o responsável pelo CSM Zanolini. Ela é uma mulher ágil, enérgica, acredito que tenha mais de sessenta anos, embora caminhe com desenvoltura e desça e suba as escadas infinitas do complexo com a segurança de uma garota. Ela me mostra o laboratório de artes, em cuja entrada se veem murais pintados pelos pacientes e por artistas: cores vivas, formas suaves. Ele também parece um menino: cabelo cortado, alto, amigável.

Sentamo-nos à volta de uma mesa redonda e tenho a sensação de estar em uma sessão de psicoterapia. As palavras se acumulam na minha cabeça, e eu me perco em meio aos termos específicos e aos acrônimos, siglas e abreviações que para eles, psiquiatras, são de registro cotidiano, mas que para mim são uma língua semidesconhecida que me faz perder o fio da conversa. Disseram-me, justamente, acredito, que quando se trata de doença mental o risco da ideologia está sempre à espreita, e que tanto quem preza a psiquiatria quanto quem a condena comete o mesmo erro. Como negar? Mas como conciliar a legítima defesa de quem faz esse trabalho por paixão, com todos os limites impostos pelo sistema de saúde, e a massa informe que eu sinto pressionar minhas costas, toda aquela gente que se empurra para ser notada, para contar sua história, sua sensação de abandono e solidão? Sinto-os respirar em meu pescoço, bater seus dedos nas minhas costas, sussurrar em meu ouvido: pergunte a eles sobre aquela vez que me fizeram o

TSO e tiraram os cigarros, o isqueiro, o cinto, os cadarços e também o cinto. Fale sobre minha mãe, minha irmã, meu noivo, pergunte por que me receitaram neurolépticos que quase me mataram, por que derrubaram minha porta com chutes quando eu teria aberto, bastava que esperassem. Pergunte, pergunte por que passei dois anos sem visitas e sempre com a mesma dosagem medicamentosa, quando era óbvio que eu estava pior do que a princípio. Questione, insista, pergunte, acuse. Eu queria tapar meus ouvidos e me afastar, levantar da cadeira e ir embora, porque eu não sou ninguém, não tenho os meios para compreender, não tenho palavras que falem de todas as vidas, de seus dramas, de sua perplexidade. Me sinto muito pequena e ignorante. Eu só tive depressão, como tantos outros. Tive medo. Consegui domesticá-lo, mas sei que ele sempre e para sempre fará parte de mim.

Em determinado momento, escrevendo *La prima verità* [A primeira verdade], decidi que conseguiria um TSO, porque sentia que me faltava um capítulo: queria ver uma ala psiquiátrica com meus próprios olhos, queria vivê-la enquanto paciente, e não só por meio de relatos de conhecidos que tiveram a experiência. Acabei desistindo.

É preciso que dois médicos prescrevam o Tratamento de Saúde Obrigatório — em geral o médico da família e um psiquiatra —, confirmando sua real necessidade; depois deve-se obter a autorização do prefeito do município de residência, e por fim a assinatura do juiz tutelar.

Não, eu não poderia ter me apresentado por livre e espontânea vontade em um SPDC e dizer que estava ficando louca. Precisaria demonstrar que estava ficando louca. A partir daí, o discurso se expandiu. Confessei sentimentos pelos quais fui tomada quando meu bebê era ainda muito pequeno. E o psiquiatra, com um sorriso, me disse uma frase que nunca esquecerei: «A mãe boa fala, a mãe ruim faz». O que essa frase significa? Que ser capaz de expressar

O MEDO DO MEDO

em palavras um mal-estar, uma perturbação, uma dificuldade é já dar um passo adiante. Significa ser capaz de encarar um problema de frente, em vez de negá-lo.

Também fui diversas vezes ao CSM da minha cidade, Budrio, e falei com o diretor responsável: um homem direto, honesto, de olhos azuis e muito simpático. Na Casa da Saúde de Budrio, o CSM fica no mesmo prédio do Servizio per le Tossicodipendenze, SerT, o atendimento para dependentes químicos. A sala de espera não é particularmente atraente, é pequena e não há nada o que observar enquanto se espera. Há algumas cadeiras, uma recepção, e encontrar alguém ali não é nada agradável. Espaço exíguo, constrangimento, olhos baixos. Chegam cuidadores e mulheres de meia-idade que vêm pegar remédios para outras pessoas, há jovens e também menos jovens. Pessoas com problemas óbvios e outras absolutamente anônimas, que nunca imaginaríamos encontrar aqui, em busca de ajuda por qualquer tipo de desconforto psiquiátrico.

O diretor do centro, psiquiatra e terapeuta com formação em etnopsiquiatria, está aqui desde 2011. Dentre os vários cargos que ocupou ao longo dos anos, foi coordenador do Centro de Consulta Cultural. Ele me conta que muitos imigrantes atendidos pelo centro são mulheres. Depressão pós-parto. Mulheres que vêm de outras culturas, nas quais a nova mãe nunca é deixada sozinha, está sempre rodeada de outras mulheres; na Itália, longe de suas famílias de origem, elas se sentem isoladas, sem vínculos sociais significativos, com os maridos trabalhando fora de casa ou, quando desempregados, vagando por aí, e elas sozinhas, trancadas em casa com as crianças e com a vergonha de não saber pedir ajuda. E, sobretudo, a quem pedir ajuda? A resposta seria trivial. A resposta é a mesma que o diretor do CSM Zanolini me deu quando disse que o verdadeiro ideal seria fazer da sociedade a Grande Psiquiatra.

«A sociedade deveria ser, idealmente, um lugar em que todos cuidam de todos, todos nós precisaríamos ser os psiquiatras de todos.» O que poderia fazer — e geralmente faz — diferença é como uma comunidade se aparelha para ativar recursos na ausência de uma política que consiga responder de modo otimizado a todos os pedidos de ajuda, mesmo os silenciosos, os invisíveis. Pensando nisso, nasceram os grupos de ajuda e autoajuda. A solidariedade habitacional (hospedagem por um período ou por alguns dias na semana de pessoas com transtornos psiquiátricos) e os novos experimentos Esp são fundamentais. O Esp (que significa especialista) é um ex-usuário de serviços psiquiátricos e/ou um de seus familiares que elaborou a própria experiência e se pôs à disposição para ajudar outra pessoa. Ele poderia ser, então, uma figura-chave que não expressa autoridade, mas proximidade e credibilidade: eu estive aí e sei como é, por isso posso tentar te ajudar e te acompanhar em sua jornada para dentro, com suas dores e suas dificuldades.

Por isso, qualquer atividade realizada sem fins lucrativos e por puro espírito de partilha é uma preciosa entrega de si à comunidade. É um ideal elevado, talvez impossível, e, além disso, não é uma obrigação, e nem todos seríamos capazes de fazê-lo, mas benditos os que escutam, os que sabem acolher as palavras de outros, os que sabem dar um passo para trás, ficar de boca fechada, sem dar conselhos, sem julgar, e realmente ouvir. É muito difícil. É essencial. Ninguém pode estar todo o tempo à disposição de quem quer que precise, mas qualquer um de nós pode, com o que faz, qualquer coisa que seja, ajudar uma outra pessoa.

Não há alternativa se, como me foi dito de modo bastante claro, as intervenções psicológicas repassadas pelo sistema de saúde são limitadas no tempo por motivos econômicos, e não se pode pensar em oferecer psicoterapia a todos que apresentam um leve desconforto (assim são considerados, por exemplos, os

O MEDO DO MEDO

117

ataques de pânico e as crises de ansiedade). Ou seja: se você quiser e puder fazer psicoterapia, você precisa pagar por ela. Ou então só lhe resta apelar para as gotinhas.

Conheci muitas pessoas que sofreram e sofrem de distúrbios psicológicos e psiquiátricos: algumas iniciaram uma psicoterapia, outras não aceitam que sua condição seja patológica e se recusam até a considerar a ideia, outras começaram a terapia e depois a abandonaram, outras afirmam que só acreditam na farmacologia porque os desequilíbrios mentais teriam raízes genéticas, orgânicas e biológicas.

Um dia, uma dessas pessoas que conheci e que sofria — e acredito que ainda sofra — de bipolaridade postou uma foto em sua página do Facebook: uma montanha de caixas de antidepressivos empilhadas uma sobre a outra. *Autorretrato*, dizia a legenda. Eu chorei. E tive medo. A ideia de se definir por meio dos remédios que se é forçado a tomar a fim de não sucumbir me parecia assustadora. Eu a interpretei como uma rendição incondicional, uma admissão de derrota. Provavelmente estava errada. Erra-se com frequência quando se tenta interpretar o mal-estar de outra pessoa e seu modo particular de reagir, porque, no fundo, talvez confiar na medicina, na psiquiatria e seguir diligentemente um tratamento medicamentoso já seja uma forma de resistência e contenha em si uma esperança: a de parar de sentir dor.

DEZ

GLOSSA TUKÈ, GLOSSA DAIMON

*De todas as coisas que a natureza humana traz em si,
certamente nenhuma é mais divina que a palavra,
em especial a palavra que tenta compreender a divindade:
e nada é mais eficaz na conquista da felicidade. Por isso apelamos
a quem descer aqui ao oráculo (de Apolo) para pensar com
devoção e falar com respeito.*
Plutarco, *Ísis e Osíris*

Há uma coisa que entendi, que sei desde sempre, mas às vezes, como todo mundo, esqueço, quando na verdade lembrar dela, mantê-la em mente de modo constante, me ajuda; é uma coisa que tem um poder mágico, vem de longe e quem nos reporta é o antigo escritor e filósofo grego Plutarco, falando das oferendas feitas ao deus criança Harpócrates. Era uma fórmula ritual que se recitava, e se recita, assim: *Glossa Tukè, Glossa Daimon*, a língua é sorte ou é destino, a língua é divindade ou demônio.

É preciso estar atento às palavras de que fazemos uso, com os outros e também com nós mesmos, porque a língua constrói nosso mundo, interior e exterior, e também o mundo de quem nos cerca, em cascata. É cansativo, muito, mas compensa. Por isso espero que nestas páginas eu nunca tenha empregado palavras que tenham ferido, ofendido ou sido desagradáveis para alguém. Palavras que tenham contribuído, em vez de abrir passagens, para construir jaulas, cercas ou lugares demasiado escuros, sem saída. A minha experiência foi essa, é essa. Mas a ansiedade, o medo e a depressão são temas demasiado amplos e cada um os experimenta de modo diferente, ainda que no fundo provavelmente exista alguma coisa que liga todos aqueles que, no decorrer da vida, sofrem dessa doença.

Três anos atrás fui diagnosticada com uma doença degenerativa que poderia ser tratada por meio de uma intervenção cirúrgica bastante delicada. Contemplei todas as possibilidades. Ao longo de três meses, enquanto esperava o telefonema do hospital para a operação que estava marcada, me deixei dominar por todo tipo de medo. Imaginei meu corpo estendido na mesa cirúrgica e tive uma sensação de gelo e morte. Parecia que eu estava prestes a me entregar, por livre e espontânea vontade, a uma viagem sem volta. Eu sabia que aquele tipo de cirurgia durava mais de quatro horas, o pescoço é incisionado verticalmente e a ferida permanece dilatada para permitir a excisão dos discos intervertebrais e a substituição por próteses metálicas e de polietileno. Tudo poderia correr bem, muito bem, mas também poderia correr mal, não é possível ter certeza. Me imaginei acordando com danos permanentes no esôfago, nas cordas vocais, na medula. Imóvel em uma cama, sem poder me mexer, falar, comer, e só respirar com ventilação artificial. No entanto, se tudo corresse bem, depois da cirurgia eu

O MEDO DO MEDO

teria que enfrentar uma recuperação longa. Eu não me senti pronta para encarar isso tudo. E por fim decidi que, por enquanto, viverei sem deixar que diagnósticos médicos me condicionem, e que, até onde puder, enfrentarei a vida sem me impor muitas renúncias. Todo dia saímos de casa e algo horrível pode nos acontecer. Todo dia levantamos da cama e temos consciência de que podemos morrer. O único poder que temos é tentar viver o melhor possível o presente sem nos deixar aniquilar pelo terror do futuro. O único poder que temos é continuar a buscar o olhar de estranhos sem enxergar inimigos, mas com a esperança de encontrar amigos. O único poder que temos é confiar em nossa imaginação e tentar guiá-la em direção a pensamentos positivos, mesmo quando estivermos atravessando uma selva escura: o escuro pode falar e nem todas as suas palavras são, necessariamente, dolorosas.

Algumas noites atrás eu sonhei que estava trancada em um aviário. As grades não eram reais, de ferro ou madeira, mas desenhadas no asfalto e no ar com giz branco e um pincel embebido em água. Apesar da sua inexistência, eu me recolhia naquele espaço estreito, tentando encaixar as costas, os cotovelos, os joelhos, a cabeça. Eu me encolhia com força, com medo de ultrapassar as margens, de transbordar para além dos limites. Mas as barras de água evaporaram e a marca de giz, em contato com a minha pele, se apagava.

Muitas vezes somos nós quem construímos as grades de nossas prisões, nós quem as imaginamos. Contar a alguém sobre o formato da jaula e os tormentos que ela nos causa, descrevê-la com as melhores e mais precisas palavras que conseguirmos, mas também só com as palavras que primeiro chegam até nós, pode ser um modo de começar a desmontá-la.

Nota

Se escrevi, se falei, é porque meu medo me impunha. É graças às palavras, as que li, as que escrevi, as que escutei e as que disse, que ainda estou viva. Por isso gostaria de encerrar indicando alguns dos livros que foram importantes na minha viagem de volta. Nada de muito especializado, nem orgânico: simplesmente companheiros preciosos de viagem, por meio dos quais pude olhar dentro de mim, através de mim e, finalmente, para além de mim.

LÉVY, Pierre, *O fogo liberador*, trad. de Lilian Escorel. 2. ed. São Paulo: Iluminuras, 2007.

JUNG, C. G. *O livro vermelho*, trad. de Edgar Orth, Gentil A. Titton e Gustavo Barcellos. 4. ed. Petrópolis: Editora Vozes, 2015.

HILLMAN, James. *Anima. Anatomia de uma noção personificada*, trad. de Gustavo Barcellos e Lúcia Rosenberg. 2. ed. São Paulo: Cultrix, 2020.

CARDINAL, Marie. *As palavras para dizer*, trad. de Wanda Caldeira Brant. São Paulo: Trajetória Cultural, 1990.

CAMON, Ferdinando. *A doença chamada homem*. Milão: Garzanti, 2008.

BOURKE, Joanna. *Medo. Uma história cultural*, trad. de B. Bagliano. Bari: Laterza, 2007.

FRABOTTA, Biancamaria (ed.). *Arquipélago Melancolia, Cenários e Palavras da interioridade*. Roma: Donzelli Editore, 2001.

CANCRINI, Tonia. *Um tempo para a dor*. São Paulo: Editora SBPSP, 2006.

DURAS, Marguerite. *Emily L.*, trad. de Vera Adami. Rio de Janeiro: Nova Fronteira, 2020.

CHEVALIER, Jean e Alain Gheerbrant. *Dicionário de símbolos*, trad. de Vera da Costa e Silva, Raul de Sá Barbosa, Angela Melim e Lúcia Melim. 35. ed. Rio de Janeiro: José Olympio.

MORSELLI, Paolo G. e Orwin Avalon. *Metamorfoses em cirurgia plástica. Aspectos psico morfológicos*. Milão: Tecniche Nuove, 2010.

O projeto fotográfico de David Jay sobre veteranos de guerra está disponível em: http://www.davidjayphotography.com/ GalleryMain.asp?GalleryID=134861&AKey= QNZ9HFXP

Agradecimentos

Prof. Paolo G. Morselli; dra. Rossella Andreoli; dra. Ivonne Donegani; dr. Renzo Muraccini; dr. Roberto Maisto; Maria Rosaria Grazia; Riccardo Staglianò; Pietro Bassi; Roberto Ferrucci; Paolo Repetti; Valentina De Salvo; Rosella Postorino.

DAS ANDERE

1 Kurt Wolff *Memórias de um editor*
2 Tomas Tranströmer *Mares do Leste*
3 Alberto Manguel *Com Borges*
4 Jerzy Ficowski *A leitura das cinzas*
5 Paul Valéry *Lições de poética*
6 Joseph Czapski *Proust contra a degradação*
7 Joseph Brodsky *A musa em exílio*
8 Abbas Kiarostami *Nuvens de algodão*
9 Zbigniew Herbert *Um bárbaro no jardim*
10 Wisława Szymborska *Riminhas para crianças grandes*
11 Teresa Cremisi *A Triunfante*
12 Ocean Vuong *Céu noturno crivado de balas*
13 Multatuli *Max Havelaar*
14 Etty Hillesum *Uma vida interrompida*
15 W. L. Tochman *Hoje vamos desenhar a morte*
16 Morten R. Strøksnes *O Livro do Mar*
17 Joseph Brodsky *Poemas de Natal*
18 Anna Bikont e Joanna Szczęsna *Quinquilharias e recordações*
19 Roberto Calasso *A marca do editor*
20 Didier Eribon *Retorno a Reims*
21 Goliarda Sapienza *Ancestral*
22 Rossana Campo *Onde você vai encontrar um outro pai como o meu*
23 Ilaria Gaspari *Lições de felicidade*
24 Elisa Shua Dusapin *Inverno em Sokcho*
25 Erika Fatland *Sovietistão*
26 Danilo Kiš *Homo Poeticus*
27 Yasmina Reza *O deus da carnificina*
28 Davide Enia *Notas para um naufrágio*
29 David Foster Wallace *Um antídoto contra a solidão*
30 Ginevra Lamberti *Por que começo do fim*
31 Géraldine Schwarz *Os amnésicos*
32 Massimo Recalcati *O complexo de Telêmaco*
33 Wisława Szymborska *Correio literário*
34 Francesca Mannocchi *Cada um carregue sua culpa*
35 Emanuele Trevi *Duas vidas*
36 Kim Thúy *Ru*
37 Max Lobe *A Trindade Bantu*
38 W. H. Auden *Aulas sobre Shakespeare*
39 Aixa de la Cruz *Mudar de ideia*
40 Natalia Ginzburg *Não me pergunte jamais*
41 Jonas Hassen Khemiri *A cláusula do pai*
42 Edna St. Vincent Millay *Poemas, solilóquios e sonetos*
43 Czesław Miłosz *Mente cativa*
44 Alice Albinia *Impérios do Indo*
45 **Simona Vinci *O medo do medo***

Composto em Lyon Text e GT Walsheim
Impresso pela gráfica Rede
Belo Horizonte, 2022